기독교 가정과 육아

성경의 눈으로 읽는
결혼과 가정

기독교
가정과
육아

권미량 지음

생명의 양식
THE BREAD OF LIFE

목차

어린 시절 저 너머의 꿈을 그리며 살던 순간들이 누군가에게는 있다. 소소한 나의 세계 안에서 고뇌하기도 하고, 세상을 바라보며 때때로 애달파하기도 하고, 하나님 앞에서 어떻게 살 것인가를 읊조리기도 했던 시절이 있었다. 내 작은 지각 속에서 그 너머를 열망하며, 혼동과 도전을 꿈꿔왔던 시절이 이제는 한 조각 추억이라는 이름으로 내 안에 살고 있다. 대학생들과 삶에 대하여, 꿈에 대하여 이야기를 나누다보면, 그 추억이라는 놈이 불쑥 튀어나와 이야기 마당을 이룬다.

　하나님은 개개인에게 특별한 추억을 선물해주시고, 그 길을 통해 세상을 향한 의미 있는 발자국을 남기게 하신다. 아이를 낳지 않고, 가정을 세우는 것을 두려워하는 이 시대 앞에서 함께 손을 잡고 싶었다. 그래서 우리 각자가 가정을 세우고, 부모가 되고, 육아를 통해 다음 세대를 이어가면서 의미있는 걸음을 내딛기를 바란다.

　본 저서는 총 열 가지의 이야기로 구성되어 있다. 가정에 대한 이해에서 출발해서 교제와 결혼, 임신, 출산, 육아의 걸음을 함께 걸어보고자 하였다. Chapter 1과 2는 가정과 부모, 그리고 기독교가정에 대한 이해를 바탕으로 구성되었다. 그리고 Chapter 3인 셋은 교제와 연애에 대한 생각을 나누고자 하였고, Chapter 4와 5인 네 번째와 다섯 번째 이야기는 부모에 대한 전생애적 관점에 기초하여 임신과 태교, 출산으로 이어지는 실천적 과정을 풀어내었다. Chapter 6, 7. 8, 9는 육아에 대한 기본 이해를 기반으로 하여 인지발달, 신체발달, 사회성발달과 언어발달, 정서발달의 차원에서 육아의 실천 방법에 대해 함께 생각해보는 장을 열어가고자 하였다. 마지막은 Chapter 10은 열 번째 이야기로 기독교가정이 이 땅에서 자녀와 함께 어떻게 선한 영향력을 갖고 내일을 향해 나아갈 것인가에 대한 희망을 들여다보고자 하였다. 본 저서는 고신대학교 2024년 교내연구비 지원에 의해 개발된 것이다. 나 또한 자녀라는 이름 앞에서 실수하며 살아가지만, 기독교가정이 육아의 과제를 어떻게 풀어갈지를 생각하며, 하나님 앞에서 가정이라는 존재의 목적을 어떻게 실현해나갈 수 있는가에 대한 질문에 작은 나눔이 되길 바란다.

기도의 후원자이신 두 어머님, 늘 버팀목이 되어주는 남편, 하나님이 주신 나의 보물인 나혜와 하준이에게 미안함과 감사함을 전한다. 특히 우리 딸과 예비 사위가 아름다운 가정을 세워가길 바라는 마음을 담아본다. 편집과 출판을 맡아주신 고신총회교육원 원장님과 편집 목사님께도 감사를 드린다. 그리고 이 시대를 살아가는 많은 청년들이 아름다운 가정을 세우고, 그 가정이 하나님 앞에서 이 시대에 선한 영향력이 되길 바라며, 모든 영광과 감사를 하나님께 드린다.

2024년 9월
CORAM DEO 영도 고신대학교에서
권미량 씀

하나

가정과 부모, 안녕하십니까?

1.
가정이란 무엇인가?

어스름이 내려앉은 창밖 사이로 높다란 아파트가 우뚝 서 있다. 그 사이 사이로 불빛이 새어나오고 그곳에 가정이라는 이름이 있다. 과거 어릴 적 마을 안에는 집집마다 불이 켜져있고, 굴뚝에서는 연기가 피어올랐다. 가정은 인간의 역사에 있어 가장 오래된 제도이자 사회적 변화와 더불어 지속되어온 기본적 제도이다.

　아이가 커나가면서 가장 먼저 형성하게 되는 사회적 울타리는 가정이다. 가정이라는 이름 안에는 우리가 있고, 성장과 변화가 있다. 가정은 둘 또는 그 이상의 구성원이 서로 돕고 살아가는 생활 장소일 뿐 아니라 심신의 휴식과 안정을 찾아가는 분위기를 포함하고 있다. 즉 가정이란 생활을 영위하는 장소와 분위기를 모두 포함한 개념으로 애착, 친밀, 의식이나 가치관, 의사결정과 자원의 공유도 하게 되는 특별한 사회 공동체라고 할 수 있다.

여호와 하나님이 이르시되 사람이 혼자 사는 것이 좋지 아니하니 내가 그를 위하여 돕는 배필을 지으리라 … 아담이 돕는 배필이 없으므로 여호와 하나님이 아담을 깊이 잠들게 하시니 잠들매 그가 그 갈빗대 하나를 취하고 살로 대신 채우시고 여호와 하나님이 아담에게서 취하신 그 갈빗대로 여자를 만드시고 그를 아담에게로 이끌어 오시니 아담이 이르되 이는 내 뼈 중의 뼈요 살 중의 살이라 이것을 남자에게서 취하였은즉 여자라 부르리라 하니라(창세기2:18-23)

하나님께서는 사람이 혼자인 것이 좋지 아니하다고 하셨고, 우리를 위하여 '돕는 배필'을 지으셨다. 이것이 최초의 사회공동체인 가정이다. 사랑하는 배우자를 만나 가정을 세우고, 서로 돕는 관계가 맺어진 것이다. 남자와 여자가 서로 돕는 누군가가 되고, 사회적 제도로서 가정이라는 이름 안에서 함께 하게 된다. 인간은 발달의 걸음에서 어느 순간 나의 반쪽을 찾기 시작하고, 누군가의 반쪽이 되기 위해서 두근두근 만남을 이어가고, 결혼이라는 제도적 약속을 하게 된다. 그리고 생명을 잉태하고, 자녀를 출산하는 일련의 과정 속에서 '아빠, 엄마'라는 새로운 이름을 부여받고, '아들, 딸'이라는 새로운 관계도 만나게 된다.

그런데 이러한 가정은 다른 집단과는 다른 독특한 특성을 가지고 있다. 가정이란 다른 공동체와는 구별되는 분위기와 느낌을 담고 있다. 우선 공동의 집단적 행위를 하는 거주지로써 의식주를 포함한 일차적 삶의 공유를 갖게 된다. 함께 먹고, 자고, 살아가는 가족은 그 속에서 애정이라는 이름을 달고 특별한 유대를 형성한다. 또한 그 속에서 상호 성장과 변화를 가지게 되고, 일정 시간이 지난 뒤 새로운 공동체를 향해 분리되고 뻗어나가는 일련의 과정을 내포하고 있다. 그런데 이 집단은 다른 집단과 달리 소속과 포기가 용이하지 않으며, 그 내부적 성격이 외부로 잘 드러나지 않거나 독자적으로 존재하게 되는 경향이 있다.

함께 하는 의식주
의식주를 포함한 일차적 삶을
함께 하면서 돌봄이라는
특성을 갖게 되지요.

유대와 결속
공동의 혈연이나 가치에 대한
공동성을 가지고, 애정에 기초한
유대와 결속을 가지게 되지요.

**가정이란
무엇인가?**

성장과 변화
서로 간의 관계 속에서 기본
태도나 성격을 형성하기도 하고,
발달을 이루어가게 되어요.

독자적 성격
일반적으로 법적 절차를 통해
성립되지만 독자적 성격이 있어서
소속과 포기가 쉽지 않아요.

건강한 사회는 그 사회의 가정 단위의 행복을 기반으로 해야 한다. 우리는 섬뜩한 범죄와 생을 포기하는 개인의 고통이 가정에서 발현되는 경우를 종종 마주한다. 한 개인에게 가정은 단지 의식주를 해결하는 공간적 의미뿐만 아니라 쉼과 안식을 포함하여 생의 힘을 얻는 원동력이기도 하다. '행복한 우리집'이 가지는 따뜻함은 힘든 일상을 이기게 하는 힘이자 평안으로 이끄는 회귀적 본능을 유발하는 심리적 기제이기도 하다.

가정이란 공간적 장소와 더불어 가족 구성원들이 그들의 신념이나 애정을 주고받으면서 정서적 만족과 사랑을 나누는 심리적 분위기를 포함하는 개념으로 논의하는 것이 마땅하다. 한 가정에서 개개인의 구성원은 본능적으로 발화하는 욕구나 지향점을 가지고 어제에서 오늘로, 또 오늘에서 다시 내일로 이어져가고 있다. 따라서 가정과 그 구성원을 이해하기 위해서는 시간적 차원이나 공간적 차원의 통찰로 그 본질을 풀어가야 할 것이다. 나는 어디서 온 존재이며, 또 우리 가정의 본질은 무엇인가? 이 문제는 가정과 그 구성원 개개인의 존재에 대한 정체성 문제이며, 나아가 그 존재들의 교육의 양상을 결정짓는 중요한 열쇠임에 틀림이 없다. 이제 개념적 차원에서 가정이 아니라 실체적 차원에서 가정이 가지는 의미와 가치를 위해 우리는 그 가정이 겪고 있는 어려움과 그 실체를 같이 들여다보고, 해결의 실타래 끝을 잡아보고자 한다.

2.
당신의 가정과 부모의 자리,
안녕하십니까?

당신의 가정은 지금 어떠한가요? 당신은 부모로서, 자녀로서 지금 행복한가요? 이런 질문 앞에서 우리는 과연 행복의 조건이 무엇인가를 생각하게된다. 매스컴에서 연일 보도하는 가족 사이의 갈등과 범죄, 육아의 어려움과 저출생의 문제는 이제 새롭게 느껴지지도 않는다.

과거 가난과 전쟁의 고통을 겪어왔던 할아버지, 할머니 세대들은 굶주림속에서도 자식들을 품어왔고, 진자리 마른자리를 갈아뉘는 자식 사랑이 있었다. 그러나 오늘날 우리는 자녀 낳기를 꺼리고 있다. 과거에 비해 편리한삶을 누리지만 가정 구성원의 행복과 부모로서 자리매김이 불안해 보이는것이 사실이다. 가족구조가 변하고 삶의 양식이 개인주의로 바뀜에 따라 가정 구성원의 삶은 자신을 중심으로 바뀌고 있다. 이 가운데 가정과 부모는그 자리에서 혼돈을 경험한다.

역할 갈등 : "부모는 외롭다"

　육아의 문제를 안고 살아가는 부모들과 인터뷰를 해보면 저출산의 핵심이 보인다. 이 시대를 살아가는 부모는 육아의 문제를 홀로 해결해야 한다는 고민을 안고 있다. 그래서 자신의 역할이 어떠해야 하는가에 대한 혼자만의 고민으로 외롭다고 느낀다.

　우리나라 전통사회의 육아를 들여다면 같은 성을 가진 사람들이 집성촌을 이루고 살아가는 씨족사회인 마을공동체가 아이를 함께 키웠다. 친인척이 함께 모여 사는 가운데 아이를 키워나가는 과정에서 부모에게는 정서적 지원이 될 수 있다. 결혼을 하면서 임신에 이르기까지 신체적, 심리적 지원을 받는 것에서부터 출산에서 육아에 이르기까지 가족공동체와 마을공동체는 함께했다. 이것은 육아의 육체적 부담만이 아니라, 심리적 부담을 함께 나눌 수 있는 역할을 했었다. 아이가 어떻게 크며, 무엇을 하여야 하는지에 대해 육아의 선험적 지혜를 가졌던 동네 어르신께 배우게 된다.

　그러나 요즘 부모들은 육아의 문제를 혼자 떠맡고 있다고 느낀다. 물론 정보는 더욱 많아졌다. 육아 관련 전문가 집단이 생겨나고, 미디어는 다양한 육아 프로그램을 쏟아내고 있다. 그러나 옛날 할머니나 친인척처럼 내 아이를 곁에서 바라봐주고, 육아의 고민을 나누는 '삶을 함께 하는 대상'이 없다. 그래서 아이를 키우고 있는 나 자신이 혼자라고 느끼게 된다. 마음으로는 우리 아이만큼은 다른 아이들보다 더 잘 키우고 싶지만 어떻게 해야 할지 막막하다. 부모가 된다는 것이 '고독한 행보'라고 느끼며, 스스로 방어기제로 무장하기도 한다.

　옛날 친인척이 모여 살던 마을공동체에서 육아는 나름의 흐름이 있었다.

보통 3살 정도의 터울로 자녀를 출산했기 때문에 아이를 낳아 젖을 물려서 키우다가 동생이 들어서면 큰 아이는 젖을 떼고 할머니 품으로 가게 된다. 유안진(1992)은 이 시기를 '할머니 무릎학교' 시기라고 명명하기도 했다. 그러다 걷기가 자유로워지고 활동성이 증가하면 밖으로 나가고 싶어한다. 언니나 누나, 오빠나 형을 따라 골목으로, 동구 밖으로, 숲으로 나가게 된다. 이것이 숲유치원의 출발인 셈이다. 어떤 시절이든 아이를 키운다는 것은 때때로 문제에 직면하게도 하고, 해결을 찾아가기도 했을 것이다. 옛 시절 친인척과 함께 동구 밖으로, 숲으로 다니던 아이도 다쳐서 울면서 집으로 오기도 했을 것이고, 어머니는 가슴을 쓸어내리는 순간을 마주했을 것이다. 그러나 씨족사회가 마을공동체를 이루고 살던 그 시절에 아이가 다쳐서 울면서 집으로 오기까지, 집으로 와서 아이를 돌보는 순간 순간 마을 사람들은 함께였을 것이다. 아이가 집으로 도착하기도 전에 꼬마가 다쳐서 오고 있음을 알지도 모른다. 왜냐면 동네 사람들이 "이 집 꼬맹이 무릎 갈고 울면서 오던데"라며 소식을 전한다. 아이가 마당으로 들어오면 어머니가 나오기도 전에 할머니가 먼저 뛰어나간다. 그리고 할머니와 어머니, 그리고 옆집 친인척들은 지난 시절 그들이 그래왔던 것처럼 간장이나 된장을 바르면서 괜찮을 것이라고 서로에게 위안을 보낼 수도 있다. 정말 상처가 잘 치유되는가의 유무와 상관없이 때때로 이런 과정은 어머니에게는 의지가 되었을 터이다.

그러나 요즘은 어떠한가? 아이가 다쳐왔을 때 어머니 혼자 해결책을 모색해야 한다. 가장 손쉽게 인터넷에 '흉터 없이 상처 치유하는 법'을 검색해 볼 수 있겠다. 그러나 결국 수많은 정보 가운데 한 가지를 선택해야 하는 것은 부모의 몫이다. 바스 카스트(Bas Cast)의 『선택의 조건(2012)』에서는 컬럼비아대학 경영학과 쉬나 아이엔가 교수의 실험결과를 토대로 선택할 수 있는 초콜릿 가짓수가 적을 때는 선택이 수월하고 만족도도 높지만 종류가 많을 때는 오히려 만족도가 떨어진다는 사실을 언급하고 있다. 난무하는 수많은 선택의 조건들이 있지만 결국 부모는 선택의 짐을 혼자 떠안아야 한다. 이러한 일상으로 인해 육아는 힘겹고, 외롭다고 느끼게 되는 것인지도 모르겠다. 자녀의 무릎에 작게 남은 상처 한 부분을 볼 때마다 '아이 키우는 일은 너무 어려워'라고 생각하고 둘째는 못 낳겠다고 선언해버리기 일쑤다. 부모는 육아에 대한 자신이 없어지게 되고, 이것은 출산율 저하로 이어지게 된다.

시간 갈등 : "부모는 바쁘다"

현대인들은 참으로 바쁘다. 실제로 바쁜 일상을 겪기도 하지만 심리적인 분주함이 우리 사회 안에 가득하다. 그러다 보니 부모는 육아의 현장에서 이러한 분주함을 그대로 느끼게 된다.

일반적으로 사랑으로 아이를 임신하여 낳고, 그 아이를 위해 의식주를 돌보고, 바른 교육을 해나가는 부모를 기대한다. 가슴과 영혼으로 아이의 영혼을 보듬고, 젖과 밥으로 아이의 몸을 돌보며, 눈물과 기도로 아이의 마음을 품는 부모의 자리를 기대하는 것이다. 옛날 어머니들은 없던 살림살이 가운데도 아이의 몸에 깃들 실오라기 하나 하나를 정성으로 지어 입히고, 기도하는 마음으로 가족의 삶을 꾸려 나갔다.

그런데 요즘 우리 사회는 맞벌이가 아니더라도 수많은 모임과 관계들 속에 놓여 있다. 부모는 자녀의 의식주를 챙기고 양육하면서 동시에 바쁜 일상 생활을 해야 한다는 압박으로 심리적 갈등을 겪는다. 따라서 부모의 아이 돌봄을 대신 맡아줄 의지의 대상으로 영유아교육기관을 찾게 되고, 기관과 교사에게 부모의 대리적 역할을 기대하게 된다. 그러나 자녀교육에 대한 올바른 가치관과 철학을 갖지 못한 채 영유아교육기관을 찾는 현상은 불신을 낳기 쉽고, 때로는 갈등으로 이어지게 된다. 부모가 아이를 보내는 영유아교육기관과의 관계가 바로 정립되지 않을 때 문제가 발생하기도 한다. 부모는 자신의 바쁜 일상을 대리하는 기관에서 어떤 상황이 발생했을 때 자신의 문제가 아님을 확고히 하고 자신을 보호하려는 방어기제가 작동하여 더욱 분노하거나 화를 낼 수도 있다. 즉 분노는 문제의 원인이 자신에게 향하지 않도록 하는 무의식적 방어기제의 한 조각일 수도 있다는 것이다.

바쁜 부모로서 자녀에게 제대로 해 주지 못하고 있다는 위기감을 타인이나 기관에서 충족하려는 보상심리는 까다로운 태도를 보이게 된다. 바쁜 일상이라는 시간 갈등을 겪는 부모는 이러한 죄책감을 회피하기 위한 방어기제로 육아의 힘겨움이 더 크게 드러나게 되는 경우도 있다. 자녀를 돌봐주고 교육해 줄 곳을 찾아서, 아이를 보내고, 다시 바쁜 하루를 살아가다가 귀가하는 아이를 맞이해야 하는 쪼개진 시간들 속에서 부모는 시간 갈등을 겪고 있다.

상황 갈등 : "부모들은 불안하다"

어떻게 자녀를 키우는 것이 잘 키우는 것일까? 부모는 양육과 교육을 혼자 감당해야 한다는 고립감과 더불어 남들보다 더 잘 키워야 한다는 소위 '금쪽같은 내 새끼'에 대한 열정이 있다. 이 열정은 학구열과 조기교육 열풍이라는 육아 풍토를 탄생시켰다. 하루 동안 이어지는 수많은 불확실성 가운데 새로운 관계와 상황을 열어가야 하는 상황 갈등 속에서 부모는 살아가고 있다.

자녀를 돌보는 과정은 먹고, 자고, 입고, 노는 일상을 포함한다. 그러나 최근 저출생 원인의 기저에는 단순히 이런 의식주를 돌보는 가정과 부모의 역할이 아니라 경쟁적으로 키워야 하는 여정의 불안이 깔려 있다. 조기교육이나 영재교육의 열풍 가운데 "내 아이를 어떻게 키워야 하나요?"에 대한 불안과 초조함이 있다.

놀면서 키우는 아이, 똑똑하게 키우는 아이, 특기를 가진 아이 등 다양한 슬로건은 자녀 키움의 길에 대한 고민을 안게 한다. 과연 어떤 아이로 키워야 할 것인가에 대한 고민은 결국 불안으로 이어지고 있다. 다양한 특기교육과 조기교육을 모두 제공하면서 아이를 키우는 부모는 불안이 없을까? 특정한 조기교육의 압박 없이 그냥 유아기를 놀게 하고자 하는 부모에게는 불안이 없을까? 요즘 부모들에겐 너무 많이 시켜도 탈이요, 아무것도 시키지 않고 있어도 걱정이다.

3.
가정의 다양한
형태를 이해해요

가정은 구성원의 양상에 따라 다양한 형태를 가질 수 있다. 우리나라는 예로부터 단일민족이면서 대가족의 가족 형태를 기본으로 살아왔다. 그러나 국제적 교류가 증가하고 핵가족의 가족 형태로 많이 변화되면서 다양한 가족 양상이 나타나게 되었다.

　가정이라는 것은 남녀를 중심으로 한 부부와 그들의 자녀를 포함한 집단이지만 그 구성원의 성격에 따라 다문화가정, 입양가정, 한부모가정 등이 있을 수 있다. 하나님이 세우신 가정이 어떠해야 하는가를 생각하기에 앞서서 우리는 가정의 다양한 형태를 알고, 이에 대한 이해를 포함한 가정 돌봄의 공동체적 접근이 필요하다.

(1) 다문화가정 : "다름을 가진 함께"

다문화가정이란 서로 다른 국적이나 문화의 사람들로 구성된 가정의 형태를 일컫는다. 최근 우리는 다른 인종이나 피부를 지닌 사람이 함께 가정을 꾸미고 육아의 문제를 풀어가는 경우를 자주 보게 된다. 성경에서 보면 가정의 개념은 예수 그리스도 안에서 하나임에 대한 강조가 있음을 묵상하게 된다.

> 너희는 유대인이나 헬라인이나 종이나 자유인이나 남자나 여자나 다 그리스도 예수 안에서 하나이니라 너희가 그리스도의 것이면 곧 아브라함의 자손이요 약속대로 유업을 이을 자니라(갈라디아서 3:28~29)

민족이나 인종을 넘어서서 하나님 나라의 구성원으로서 가정을 세우고 돌보는 일은 중요한 것이다. 다문화가정에 대한 편견이 아니라 '다름을 가진 함께'를 생각하는 접근이 중요하다.

예수 그리스도로 인하여 하나인 교회공동체 속에 다문화가정을 지원하고 함께 나아가려는 전문적 노력이 있어야 한다. 언어의 장벽과 다름에 대한 시선을 넘어서서 오히려 복음이 개인 가정에서 출발해서 지역과 세계로 나아갈 수 있는 귀한 통로가 될 수 있을 것이다. 교회공동체는 예배와 교회 활동의 지원 뿐 아니라 다문화가정의 특성에 맞는 가정예배, 육아 지원 등에 대한 구체적 전략을 세울 필요가 있다.

(2) 입양가정 : "새로운 관계맺음으로"

입양가정이란 일반적으로 혈연관계를 맺지 않는 대상들 간에 부모와 자식의 관계를 맺는 일이라고 볼 수 있다. 입양이란 사전적으로 보면 양자로 들어가거나 들이는 현상을 말하는 것이며, 법률적으로 보면 친부모와 친자의 관계를 맺는 것을 지칭한다. 부모와 자식의 관계를 맺는 것의 모범적 시작은 우리가 하나님을 아버지라 부를 수 있다는 것에서 출발한다. 어쩌면 아버지라 부를 자격이 없음에도 불구하고 개인의 아버지가 되어 주시는 하나님의 사랑이야말로 부모와 자식의 관계 맺음의 원형이라고 할 수 있다.

입양이란 가정에서 부모와 자식의 관계를 맺는 것이지만 혈연에 기초하지 않는다. 부모가 자식을 낳아서 부모와 자녀의 관계가 맺어지는 것도 사실 구성원의 소유나 의지가 아니라 하나님의 섭리 가운데 맺어진 관계이다. 자녀란 부모가 자신의 의지에 따라 낳고 소유한 것이 아니라 하나님께서 연결시켜 주시고, 하나님께서 위탁해 놓으신 존재인 것이다. 우리는 성경 말씀 가운데 고아와 과부를 돌보는 의미와 가치를 묵상할 수 있다. 입양은 돌봄의 사랑을 넘어서 한 가정과 구성원들에게 주어지는 축복이다. 누군가의 부모가 되고, 누군가의 자녀가 되는 과정을 통해 하나님의 사랑을 깨닫게 되는 입양은 축복인 것이다.

너희 중에 분깃이나 기업이 없는 레위인과 네 성중에 거류하는 객과 및 고아와 과부들이 와서 먹고 배부르게 하라 그리하면 네 하나님 여호와께서 네 손으로 하는 범사에 네게 복을 주시리라(신명기 14:29)

어떤 자녀도 그 부모를 선택해서 태어날 수 없고, 어떤 부모도 자녀를 선택해서 낳을 수 없다. 가정은 단지 혈연의 문제로 국한될 수 없다. 즉 자녀는 부모의 소유가 아니라 하나님께 위탁받은 임무라고 볼 때 하나님이 맺으신 부모와 자식의 관계맺음으로 입양을 바라보아야 할 것이다. 이러한 관점에서 교회와 사회 속에서 입양의 의미를 바로 바라보고, 응원하는 분위기가 필요하다.

(3) 한부모가정 : "혼자가 아닌 돌봄으로"

한부모가정이란 한쪽 배우자가 없이 아버지나 어머니가 자녀를 양육하는 가족단위를 지칭한다. 배우자와 사별, 별거, 이혼 등으로 부모 중에서 한 사람만이 아이를 책임지고 양육하는 경우도 있을 수 있고, 미혼으로 홀로 아이를 키우는 경우도 있을 수 있다. 사별에 따른 한부모가정에 대한 공동체적 책무성은 성경에서 중시하고 있다. 고아와 마찬가지로 성경에서는 남편이 죽어서 혼자 사는 과부에 대한 돌봄을 강조하고 있다.

그의 거룩한 처소에 계신 하나님은 고아의 아버지시며 과부의 재판장이시라(시편 68:5) 참 과부인 과부를 존대하라 만일 어떤 과부에게 자녀나 손자들이 있거든 그들로 먼저 자기 집에서 효를 행하여 부모에게 보답하기를 배우게 하라 이것이 하나님 앞에 받으실 만한 것이니라(디모데전서 5:3~4)

따라서 홀로 자녀를 돌보는 편부나 편모에 대한 공동체의 함께 함이 중요함은 당연하다. 또한 가정을 지켜야 하지만 이혼한 가정을 향한 정죄는 그 가정의 상처가 될 수 있음에 유의하여야 한다. 이혼한 가정의 상처와 그 아픔을 치유하고 회복할 수 있도록 돕는 신앙공동체의 자리가 더욱 절실하다. 한부모가정이 가지는 어려움과 회복에 대한 신앙공동체의 이해가 그 구성원이 건강하게 가정을 세워나가는데 디딤돌이 될 수 있을 것이다.

(4) 장애인가정 : "치유와 나눔으로"

예수님은 장애와 아픔을 가진 자들의 가족이셨다. 장애의 유무에 상관없이 하나님은 우리를 사랑하시고 계획하신 뜻이 있다. 장애인가정이란 가족 구성원 중 몸이나 마음에 결함이나 장애가 있어서 일상이나 사회생활에 제약을 가지는 사람이 포함된 가정을 지칭한다. 예수님은 아픈 이들과 함께 하셨고, 장애를 가진 이들을 치유하셨다(마 4:24, 마 9:27-30, 마 12:22, 마 14:14, 행 3;6).

> 이 사람이나 그 부모의 죄로 인한 것이 아니라 그에게서 하나님이 하시
> 는 일을 나타내고자 하심이라(요한복음 9:3)

때로 고통은 하나님이 우리에게 주시는 축복의 통로임을 기억하면서 장애인 가정을 이해해야 한다. 장애를 통해서 하나님의 은혜를 깨닫고 영광을 돌릴 수 있음이다. 급변하는 사회, 인간소외의 사회적 현상들은 육체적 장애를 가지지 않았다고 하더라도 마음의 가시나 드러나지 않는 심리적 문제

를 안고 살아가는 가정이 증가하고 있다. 장애인가정은 다름이 아니라 함께 치유하고, 함께 하나님께 영광을 돌려야 하는 여러 모양의 가정 중 하나의 모습이다.

그런데 이런 '장애'를 가진 구성원이 있는 장애인가정의 경우, 그 장애의 정도와 종류에 따라서 육아의 지원이 필요하다. 이러한 지원은 사회적 차원과 교회공동체의 차원에서 다각적으로 고려되어야 할 것이다.

둘

기독교가정을 세운다는 것은

1.
가정, 하나님이 만드셨어요

기독교가정을 세운다는 것은 하나님이 이 가정을 어떻게 만드셨는가에 대한 출발, 지금 이 가정이 어떤가에 대한 이해를 포함하는 현재, 그리고 어떻게 나아가야 하는가에 대한 미래를 포함한 이해가 있어야 한다. 기독교 세계관인 창조(創造)의 관점에서 보면 가정은 하나님이 창조하신 최초의 가정공동체라고 볼 수 있다. 가정 그 출발은 어디인가?

서로 돕는 사이 : "우리, 서로 돕는 가족이잖아."

인간은 하나님의 형상(Imago Dei)으로 창조되었고, 그 인간이 혼자 있는 것이 좋지 않아 돕는 배필을 지으셨다. 이 말씀을 묵상할 때면 하나님이 나를 얼마나 사랑하시는가를 느끼게 된다. 하나님은 당신을 너무 사랑하셔서 혼자 있게 아니하시고, 돕는 자를 마련하셨다. 이것이 최초의 사회공동체인

가정이다.

여호와 하나님이 이르시되 사람이 혼자 사는 것이 좋지 아니하니 내가
그를 위하여 돕는 배필을 지으리라 하시니라(창세기 2:18)

우리는 각자 배우자와의 관계에 있어서 하나님이 우리를 어떻게 지으셨
는가를 생각하면서 다가가야 한다. 하나님은 아담과 여자를 지으시면서 관
계성(relationship)을 세우셨다. 부부 관계의 관계성은 둘이 아니라 하나였
음에 대한 기억으로 거슬러 올라갈 수 있겠다.

여호와 하나님이 아담을 깊이 잠들게 하시니 잠들매 그가 그 갈빗대 하
나를 취하고 살로 대신 채우시고(창세기 2:21)

가정의 출발은 하나에서 다시 둘로, 구성원으로, 공동체로 세워졌다는
것이다. 하나님의 창조의 순간은 벅찬 아담의 고백에 담겨있다. 아담은 여
자를 '뼈 중의 뼈요 살 중의 살'이라고 하였다.

아담이 이르되 이는 내 뼈 중의 뼈요 살 중의 살이라 이것을 남자에게서
취하였은즉 여자라 부르리라 하니라(창세기 2:23)

가정이란 남편과 아내, 부모와 자녀, 자녀와 자녀 간에 특정 관계 성질을
드러내는 울타리이며, 서로 돕는 특정 관계를 맺게 된다. 그러니 우리는 이
렇게 함께 이야기해야 하지 않을까? "우리, 서로 돕는 가족이잖아"

하나님이 창조하신 구성원 : "너는 하나님을 닮았어"

우리는 하나님이 지으셨다. 하나님의 형상을 따라 모양대로 우리를 지으셨고, 하나님은 에덴에 동산을 창설하시고 거기에서 살게 하셨다. 즉 우리는 하나님의 기쁨이 되고, 그 창조하심을 좋아하셨다고 성경에서 말하고 있다.

> 여호와 하나님이 땅의 흙으로 사람을 지으시고 생기를 그 코에 불어 넣으시니 사람이 생령이 되니라(창세기 2:7)

나의 남편, 나의 아내, 나의 사랑스런 자녀는 하나님의 형상대로 창조된 자이다. 하나님이 창조하신 사람들로 구성된 우리 가족은 사랑받을 만한 귀한 존재들인 것이다. 기독교가정을 세운다는 것은 하나님이 지으신 각 구성원들에 대한 존중에서 출발해야 한다. 건강한 가정은 존중과 공감을 가지고 있어야 한다. 너는 나의 소유가 아니라 하나님의 창조물이자 하나님의 것임을 잊기 쉽다. 우리 가정의 구성원은 "너는 하나님을 닮았어"라고 얘기할 수 있는 귀한 존재인 것이다.

> 여호와 하나님이 흙으로 각종 들짐승과 공중의 각종 새를 지으시고 아담이 무엇이라고 부르나 보시려고 그것들을 그에게로 이끌어 가시니 아담이 각 생물을 부르는 것이 곧 그 이름이 되었더라(창세기 2:19)

창세기 2장 19절에서 하나님은 각종 들짐승과 공중의 각종 새를 지으시고 아담이 무엇이라 부르나 보시려고 그것들을 아담에게 이끌어가셨다고 한다. 즉 하나님은 보금자리에서 일방적으로 아담에게 명령하신 것이 아니라 협력하여 함께 교제하시기를 원하셨음을 볼 수 있다. 한 번 상상해보자. "아담아~ 이들을 무엇이라고 부를까?"라고 다정하게 아담에게 물어봐주시는 하나님과 "하나님 아버지, 저는 이것은 ○○이라고 하고, 저것은 △△라고 하고 싶어요"라고 대답하는 아담의 모습이 있을 것이다. 그리고 하나님은 대답하신다. "그래, 그럼 그렇게 부르도록 하자꾸나" 놀라운 것은 하나님이 아담과 하는 대화의 방식은 육아와 양육 방법에서 가장 중요하게 얘기하는 공감과 소통의 대화법이다.

하나님은 창조하신 각종 들짐승과 공중의 각종 새들의 이름을 일방적으로 지어서 아담에게 전달하지 않으셨다. 아담에게 물어보시고, 지어보게 하시고, 수용도 하신다. 하나님은 우리 가정에게 이렇게 다가오신다.

기독교가정을 세운다는 것은 하나님이 우리를 창조하시고 살아가게 하신 그 본래의 출발처럼 하나님과 사소한 것 하나까지 기도로 소통하면서 문제를 해결하는 것에서 출발한다. 그리고 하나님의 우리에게 하셨던 것처럼 우리 구성원 서로를 존중하고 공감과 소통의 대화를 열어가야 한다. 그것이 창조의 본 모습을 품은 가정을 세워가는 길이 될 것이다.

다음 세대를 잇는 가정 : "생육하고 번성하여 땅에 충만하라."

가정은 생육과 번성의 과제를 가지고 있다. 가정은 임신, 태교, 출산, 육아를 통해 다음 세대를 이어가는 존재성을 갖고 있다. 즉 여자와 남자가 만나 서로 돕는 가정을 세우고, 그 속에서 서로를 돌보고, 나아가 자녀를 잉태하고, 함께 자녀를 양육하면서 번성하고 충만해지는 과정은 한 가정의 존재의 의미이기도 하고, 살아가는 힘의 원천이 되기도 한다.

임신, 태교, 출산, 육아를 통해 다음 세대를 이어가는 것이야말로 하나님이 우리 각 가정을 세우신 뜻이며, 명령이다. 따라서 가정을 통해 하나님께 영광을 돌리는 것은 우리가 살아가는 목적성에 부합하다. 그러나 최근 저출생과 가정의 위기는 교육의 문제를 논할 때 핵심적 쟁점으로 거론되곤 한다. 가정 탄생의 목적성을 바로 알고 그 의미를 되새길 때, 가정이 살아나고, 그 사회가 성장의 동력을 얻게 된다. 가정을 세우신 하나님의 뜻을 바로 알고, 다음 세대를 잇는 가정의 되살림이 필요한 때이다. 가정은 각 개인이 합하여 영적인 영역과 육적인 영역에서 성장으로 나아가고, 더 나아가 지역과 세계를 향한 축복의 통로가 되어야 할 것이다.

하나님이 그들에게 복을 주시며 하나님이 그들에게 이르시되 생육하고 번성하여 땅에 충만하라…(창세기 1:28)

2.
가정, 우리에게 아픔이 있어요

이 시대는 내일을 가늠할 수 없을 정도의 속도로 창의적인 삶의 변화가 열려있다. 우리는 과학과 편리의 시대를 살고 있다. 그러나 정작 인간 개개인은 소외되고 아파한다. 선진국이나 개발도상국들이 가지는 부의 결실들 이면에는 지구촌 곳곳에서 굶주림이 공존한다.

결국 우리가 살아가는 삶의 모습만 보더라도 인간이 죄의 본성 속에 살고 있음을 고백할 수밖에 없다. 하나님의 형상을 입은 인간의 존재는 타락(墮落)으로 말미암아 죄인이 되었다. 실제로 사랑의 보금자리여야 하는 가정이 때로는 파괴와 상처를 품게 된다. 이것만 보아도 우리는 하나님 앞에서 죄인임이 분명해보인다. 지금 우리의 가정은 어떠한가?

교만과 소유욕 : "너는 내 것이야"

인간은 놀라울 정도로 급속한 삶의 변화를 이끌어왔다. 당신의 손에 쥐어진 폰이 이렇게 발전적으로 변화되어온 시기도 사실 되돌아보면 그리 오래 걸리지 않았다. 아담과 하와는 에덴동산에서 자유를 누렸다. 동산 나무의 열매를 먹을 수 있고 누릴 수 있었다. 그러나 동산 중앙에 있는 나무의 열매는 먹지도 만지지도 말라고 하신 하나님의 명령이 있었고 이를 지킬 수 있는 자유와 지키지 않을 수 있는 자유도 있었다. 그리고 하나님처럼 되고 싶다는 교만 앞에서 지키지 않는 길을 선택했다.

영유아기 자녀를 둔 가정에서 나타나는 갈등의 유형들을 살펴보면 결국 자녀를 자신의 소유물로 생각하고, 자신의 성취를 자녀를 통해 나타내고 싶은 교만과 대리만족의 욕구가 내재되어 있는 경우가 많다. 가정 구성원을 통해 자신의 성취를 나타내고 싶은 내면을 제어하지 못할 때 집착이나 소유욕의 양상으로 육아 패턴이 나타나게 되는 것이다.

인간은 타락의 결과로 원죄를 품고 산다. 그래서 가정도 완전하지 못하고 서로 간에 단절로 인한 파괴가 나타나기도 한다. 어떤 가정이라도 이런 한계와 위험에서 자유로울 수 있겠는가? 그렇다면 어찌하여야 하는가? 결국 인간 스스로의 해결은 불가능하며, 개인의 치유와 가정 회복의 원동력을 찾아야 한다는 결론에 도달한다. 즉 가정을 세우시는 주체가 하나님이시며, 예수 그리스도의 회복의 권능에 의지하여 그를 가정의 중심에 놓을 때 가정이 가지는 진정한 아픔의 돌파구를 찾는 길이 될 것이다.

여자가 그 나무를 본즉 먹음직도 하고 보암직도 하고 지혜롭게 할 만큼

탐스럽기도 한 나무인지라 여자가 그 열매를 따먹고 자기와 함께 있는
남편에게도 주매 그도 먹은지라(창세기3:6)

갈등과 상처 : "너 때문이야"

가정의 문제를 들여다보면 갈등과 상처로 물들여진 상흔과 만나게 된다.
영유아기 자녀를 둔 가정에서 육아의 어려움을 토로하는 부모와 마주하다
보면, 남편이나 아내와의 갈등이나 육아의 상황 속에서 서로 상처를 주는
순간을 드러낼 때가 있다. 가정 구성원들끼리는 때로는 갈등을 가지고, 상
처를 주고받는 관계성에 놓여 있는 경우가 많다. 인간은 죄의 결과로 관계
가 깨어졌다. 아담과 하와의 관계를 보자.

그들이 그날 바람이 불 때 동산에 거니시는 여호와 하나님의 소리를 듣
고 아담과 그의 아내가 여호와 하나님의 낯을 피하여 동산 나무 사이에
숨은지라(창세기 3:8)

아담이 이르되 하나님이 주셔서 나와 함께 있게 하신 여자 그가 그 나무
열매를 내게 주므로 내가 먹었나이다(창세기 3:12)

성경 말씀을 묵상하다보면 사람의 불순종과 이에 따른 결과를 보게 된다.
동산 모든 나무의 열매를 먹을 수 있으나 동산 중앙에 있는 나무는 먹지도 만
지지도 말라고 하신 말씀에 불순종하고, 결국 하나님의 낯을 피하여 숨는 모
습을 보게 된다. 이 때 가정 안에서 처음으로 관계가 깨어짐이 나타난다.

아담은 '하나님이 주셔서'라고 그 탓을 하나님께 돌린다. 이것은 하나님과의 관계성을 깨뜨리는 모습이다. 우리는 교육에서 관계성의 정립과 진정한 대상과의 만남을 논하곤 한다. 그런데 대상과의 진정한 관계성의 근원에는 대물 간, 대인 간의 관계성의 더 큰 근원에 영적 관계성이 자리잡고 있음을 간과해서는 안 될 것이다. 하나님과의 관계를 깨뜨린 아담은 다시금 뼈 중의 뼈요 살 중의 살이라고 고백했던 가정 구성원인 아내에게 그 탓을 돌리는 것을 볼 수 있다. '나와 함께 있게 하신 여자'가 이 모든 문제의 발단이라고 탓하며, 자기 방어기제를 드러내고 있다.

가정에는 부부 간 갈등, 부모와 자녀 간 갈등이 언제나 도사리고 있다. '너 때문이야'라는 자기 방어는 결국 갈등과 상처로 이어진다. 하나님은 발달심리적으로 이러한 인간의 나약한 죄의 본성 때문에 부모됨의 과정에서 애착이라는 특별한 발달 과정을 세우셨는지도 모르겠다. 영유아 발달 연구 가운데는 애착의 중요성을 강조하는 연구가 많다. 영유아의 바람직한 발달의 중심에는 부모와 자녀 간에 서로 끌리거나 지극히 아끼고 사랑하는 애착의 발달이 있어야 한다. 그러한 사랑만이 깨어진 관계성 속에서 갈등과 상처를 치유하는 방법이기 때문일 것이다. 이것은 '서로 사랑하라'라는 실천적 방향이며, 궁극적으로 하나님이 열어주신 육아의 통로이다.

그럼에도 불구하고 인간은 자신의 힘으로 이러한 사랑의 실천도, 완벽한 가정도, 최적의 육아도 실천하기 힘든 본성을 가진 존재임을 고백하게 된다. 결국 가정과 육아에 대한 인류 사회가 가져왔던 수많은 이론과 교육학적 시도가 완벽하지 못해왔다는 궁극적 결과와 맞닿아 있다. 왜냐면 인간은 스스로 깨끗해질 수 없고, 스스로 완전해질 수 없기 때문일 것이다.

분노와 파괴 : "나, 너무 아파"

가족 간의 분쟁과 이로 인한 범죄는 인류의 역사 가운데 늘 있어 왔다. 영유아교육과 가정 돌봄은 건강한 사회의 기초이다. 가족 간의 범죄는 인간의 타락 후 가인과 아벨에서부터 살펴볼 수 있다. 창세기 4장에서 가인은 몹시 분하였고(창 4:5), 결국 그의 아우 아벨을 쳐죽이는 사건(창 4:8)이 발생한다. 가인은 자신을 다스리지 못하고 마침내 공격적 파괴의 행위를 짓고 만다. 타락의 결과로서 나타나는 생각이나 욕망의 부패한 현상들은 분노라는 모습을 거쳐 공격적 행위로 나타나기도 한다.

가인과 그의 제물은 받지 아니하신지라 가인이 몹시 분하여 안색이 변하니(창세기 4:5)
가인이 그의 아우 아벨에게 말하고 그들이 들에 있을 때에 가인이 그의 아우 아벨을 쳐 죽이니라(창세기 4:8)

가정 구성원 간의 분노나 공격적 행위는 다양한 파괴를 낳을 수도 있다. 프로이드(Freud, 1985)는 인간의 본능을 삶과 죽음으로 보면서 인간에게 죽음의 본능인 공격성에 대한 성향을 이론화한 바 있다. 또한 레인(Lane, 2011)은 인간의 마음속에는 서로 다투는 두 가지의 힘이 있는데 창조본능과 쾌감의 본능이라고 하였다. 인간은 하나님의 형상을 닮아 거룩한 창조 본성을 가지고 있다. 인간의 창조력은 인지 발달의 꽃이라고 할 만한 영역으로 놀라운 인류 발전의 원동력이 되어왔다. 그러나 그 창조력이 궁극적으로 인류의 발전이 아니라 인류의 파괴로 이어지지 않을까에 대한 두려움이 엄습해

오는 것도 사실이다. 이것은 인간의 본능은 결국 인간의 개인적 욕망을 채우고, 소유와 집착으로 이어지는 원죄 안에 있을 때 완전할 수 없음이기 때문이다.

인간이 가지는 공격적 본능은 가정 속에서도 서로 간에 분노하고 공격하는 행위로 이어질 수 있다. 가정 가운데 나타나는 이러한 분노와 공격성을 돌보는 방법은 무엇인가? 가정의 구성원은 각자의 입장에서 아픔을 안고 산다. 이 아픔이 해결되지 않아서 분노가 되고, 폭력이 된다. 가정의 문제를 안고 있는 구성원들은 각기 다른 모습으로 외치고 있다. '나, 너무 아파'라고 외치는 힘든 가정의 풀리지 않는 수수께끼 앞에서 가정이 회복되는 돌봄과 진정한 회복의 길로 향하는 인류의 희망은 무엇일까? 결국 그 해답의 끝에서 예수 그리스도를 만나게 될 것이다. 가정의 희망은 그 구성원 개개인이 인격적으로 하나님을 만나고, 구속의 은혜를 누리는 지점에서 찾게 될 수 있다.

3.
가정, 우리에게 은혜가 필요해요

저출산과 인구관련 문제로 사회가 들썩이고 있다. 젊은이는 결혼을 하지 않으려고 하고, 부부는 자녀를 낳지 않으려고 한다. 가정은 한 개인에게 희망이라고 보여지지 않고, 성가신 희생의 자리라고 여겨진다. 우리의 가정은 이대로 괜찮을까? 과연 가정을 세우지 않고 혼자 살아간다면, 자녀 없이 부부끼리 알콩달콩 살아간다면 행복은 열리게 될까? 궁극적으로 가정이라는 창조의 참모습이 완성되기 위해서는 어떤 길을 걸어가야 할까? 이러한 질문의 끝자락에서 우리는 예수 그리스도를 만나게 된다.

고백 : "회복의 화수분을 찾아서"

우리의 가정을 겸손하게 되돌아보면 아픔과 상처가 각각의 모습으로 자리잡고 있음을 발견하게 된다. 각 가정에는 각양의 단절, 상처, 분노와 파괴 등이 있을 수 있다. 그렇다면 이러한 단절을 잇고 상처를 치유하는 방법은 무엇일까? 궁극적으로 최초의 가정 구성원 간 단절이 일어났을 때 아담이 하나님과의 관계, 아내와의 관계의 단절을 회복하는 과정이 있어야 할 것이다.

각 가정의 진정한 회복을 위해서는 겸손하게 하나님 앞에서 각 가정의 무릎 꿇음이 있어야 한다. "하나님 나는 죄인입니다. 나는 부족한 가정 구성원입니다"라는 고백은 결국 우리의 교만을 내려놓고, 예수 그리스도에 의지하여 치유의 길을 걷는 첫걸음이 될 것이다. 즉 가정은 예수 그리스도를 통한 회복이 일어나는 장(場)이 되어야 한다.

치유의 힘이 예수 그리스도로부터 나올 수 있다는 사실이 우리 각 가정에는 복음이 되는 것이다. 이러한 회복의 일상이 이루어질 때 가정은 매일 매일 그리스도 안에서 창조의 힘을 얻는 화수분 역할을 할 수 있을 것이다.

여호와께서 집을 세우지 아니하시면 세우는 자의 수고가 헛되며 여호와께서 성을 지키지 아니하시면 파수꾼의 깨어 있음이 헛되도다(시편 127:1)

범사에 우리 주 예수 그리스도의 이름으로 항상 아버지 하나님께 감사하며 그리스도를 경외함으로 피차 복종하라(에베소서 5:20-21)

사랑 : "서로 사랑하라"

하나님은 죄인인 인간 개개인을 향한 완전한 사랑을 보이셨다. 사랑으로 인간을 창조하셨고, 죄에서 회복으로 이끄셨으며, 서로 사랑하라고 하셨다.

가정은 사랑의 울타리이다. 남자와 여자가 합하여 사랑으로 하나가 되고, 자녀를 낳아 사랑으로 기르는 과정에서 새로운 생명이 시작된다. 영유아기 발달의 초기 과업의 중심에는 애착의 발달이 있다. 애착은 아이가 부모에게 사랑을 받기 위해 본능적으로 타고난 발달적 특성을 내포한 용어이기도 하고, 부모가 자녀를 사랑할 수 있는 발달적 근원이기도 하다.

이러한 진정한 사랑은 예수 그리스도의 피의 값으로 사신 우리 가정과 교회 공동체 안에서 세워져갈 수 있다. 우리에게 주어진 새계명으로 "서로 사랑하라(요 13:34)"는 명령은 하나님 사랑에서 출발해서 우리 가정 구성원 간에 이루어야 할 성장의 과정이다.

한 가정의 회복은 하나님의 치유의 은혜 안에서 서로를 축복하고, 사랑하는 삶의 개혁이 필요하다고 볼 수 있다. 이 '사랑'은 외치는 소리가 아니고, 실천이며 돌봄의 삶이어야 한다.

새 계명을 너희에게 주노니 서로 사랑하라 내가 너희를 사랑한 것 같이
너희도 서로 사랑하라(요한복음 13:34)

섬김 : "우리는 나눔의 공동체니깐"

기독교가정은 예수 그리스도로 말미암아 세워진 진정한 섬김의 공동체이어야 한다. 가정은 열매와 결실을 담는 둥지이다. 각양각색의 가정의 형태와 특징이 있어도 그 가정은 하나님이 이 땅에서 우리에게 주신 귀한 책무이자 축복이다. 서로 섬기고 나눌 수 있는 가정이야말로 우리에게 또 다른 축복으로 이어지는 통로가 된다.

아가! 만약 네가 눈물이 나거나 외롭거든 두 손을 모아보렴.

두근두근 가슴이 따뜻해져 오거든 기억하렴.

하나님은 너를 사랑하시고

너을 위해 아빠, 엄마가 있는

노란 둥지를 마련하셨고

서로 사랑하게 하셨다는 것을.

아가! 가족이어서 행복해

아가! 가족이이서 행복해

- 권미량(2015) 중에서

기독교가정의 의미는 혈연적 측면의 가정에서 나아가 인류를 향한 공동체적 의미를 내포하고 있다. 이 둥지는 구성원 간의 나눔과 섬김이 만들어내는 하나님 앞에서의 개개인에 대한 결실을 담고 있다. 부부가 서로 도우면서 성장해나가고, 자녀가 발달해나가며, 아픔은 나누어서 회복해나가고, 기쁨과 결실들을 감사함으로 풍성하게 만드는 곳이 가정인 것이다.

그러나 가정은 개인의 성장과 결실 뿐 아니라 그 개개인이 사회를 향한 선한 영향력과 하나님 나라의 확장이라는 사명을 함께 포함해야 한다. 가정은 단지 각 개체 가정 내부의 성장으로 끝나지 않고, 하나님 나라의 거시적 계획 속에서 움직인다. 한 가정의 내적 성숙은 사회와 세계를 향한 선한 영향력으로 이어지고, 궁극적으로 하나님 나라를 위한 섬김의 자리에 있게 된다. 즉 가정 구성원 간의 섬김과 나눔에서 인류를 향한 섬김과 나눔으로 나아가는 둥지가 가정이 되어야 한다.

셋

너의 반쪽, 나의 반쪽을 찾아서

1.
이성과의 만남을 준비해요

기독교가정과 영유아교육을 세워나가는 출발은 청년의 때부터 시작되어야 한다. 이런 이유로 대학생들에게 교양에서 가정과 육아에 대한 강좌를 반드시 이수하기를 권하곤 한다. 기독교가정에 대한 논의나 부모됨에 대한 사유는 그 출발이 기독교가정 안에서 출발할 것이 아니라 기독교가정을 준비하는 청년이나 그 이전부터 시작되어야 한다. 가정에 문제가 생기거나 부모가 된 이후에 부모교육이나 상담을 하는 것이 아니라 가정을 세우고 부모가 되어지기 전 청소년기부터 가정을 바르게 이해하고 꿈을 갖게 해야 한다. 이것은 교회의 과제이자 이 사회의 과업이기도 하다.

남자와 여자가 만나서 이성 교제를 하는 문화도 시대에 따라 달라져가고 있다. 과거 우리나라 전통사회는 일명 '중매혼'이라는 제도가 주를 이루었다. 두 집안이나 남녀 사이에 혼인이 이루어질 수 있도록 중간에서 서로 소개를 해주는 방식으로 결혼을 하게 되는 경우가 흔했다. 그러나 우리나라

뿐 아니라 서구사회도 산업혁명 이전에는 여성의 경우 가정에서 폐쇄된 생활을 해 왔고, 남녀와의 만남도 지극히 제한적이었다. 그러나 근현대로 넘어오면서 남녀와의 만남이 자유롭게 이루어지는 '자유혼'이나 소개나 교제를 혼합하는 '절충혼' 등이 많아지게 되었다. 교제는 남녀가 인격이나 삶의 양상의 전반적 측면에서 서로를 탐색하는 과정이다. 물론 반드시 이성 교제가 결혼으로 이어지는 것은 아니지만 일반적으로 배우자 선택의 실제적 과정이 된다. 그렇기 때문에 바람직한 이성 교제의 출발을 위한 준비가 필요하다.

기도와 신앙 세움 : "배우자를 위해 기도해요"

우선 바람직한 이성 교제와 배우자를 위한 기도가 있어야 한다. 하나님 앞에서 앞으로 세워갈 가정과 이성교제, 배우자를 위해 기도로 무릎 꿇는 시간이 필요하다. 기도는 구체적이어야 하며, 세밀해야 한다. 자신에게 적합한 배우자에 대한 세밀한 기대를 포함해야 하지만 세상의 기준에 근거한 교만한 기도가 되는 것 또한 경계해야 한다. 또한 당사자 뿐 아니라 그 개인이 속한 가정 구성원과 부모의 기도도 중요하다. 자녀를 위한 윗세대의 기도는 가정 단위의 축복으로 이어질 수 있고, 함께 다음 세대를 이어가는 준비의 과정이 될 수 있다.

- 자녀의 이성교제와 배우자를 위한 부모의 기도 세우기
- 구체적 기도 제목과 내용을 구체화 하기
- 이성교제와 배우자를 위한 매일의 기도 시간 갖기

이성 교제와 배우자를 위한 기도와 더불어 먼저 자신의 신앙을 세워가는 '신앙가짐'이 중요하다. 하나님과 나의 관계가 세워지도록 하는 삶의 자세와 훈련이 있어야 한다. 예배자로서 기도자로서 자신의 삶을 되돌아보고, 돌볼 수 있는 방법을 찾고, 계획을 세우며 실천하고, 실천의 결과를 평가하는 일련의 과정이 동반되어야 한다. 예배자로 바로 서기 위한 나의 계획, 기도자로서 바로 서기 위한 나의 계획, 말씀 묵상을 위한 나의 계획을 세워보자. 그리고 그 계획의 실천 정도를 함께 나눌 수 있는 대상이 있다면 더욱 좋을 것이다. 그리고 그 결과를 반드시 되돌아보고, 나의 변화를 들여다보는 습관을 가진다면 '신앙가짐'의 꾸준한 준비가 좀 더 구체화될 수 있다.

성교육과 몸가짐 : "나는 소중한 존재에요"

다음으로 바람직한 성교육이 있어야 한다. 성교육이란 것은 성에 대해서 바른 인식을 가지고 이해하도록 돕는 학습의 형태를 지칭한다. 이러한 성교육은 유아기부터 시작해서 성인에 이르기까지 바람직한 성 인식을 가지고, 나아가 바람직한 남녀 관계를 해나가는 준비과정이 될 수 있다. 한 사회가 갖고 있는 결혼이나 출산의 관점이나 실천적 행위나 풍토에 있어서 성교육은 의미 있는 영향력을 지니게 된다.

최근에는 우리나라 성교육의 방향성에 대한 문제의식을 제기하기도 한다. 저출생의 사회적 문제 앞에서 우리는 가정과 출산에 대한 바람직한 이해를 하고 있는가 되돌아볼 필요가 있다. 학생들을 대상으로 한 성교육의 접근이 성 행위의 결과에 대한 이해나 행동지침, 대비책에 초점을 두고 있는 것이 현실이다. 그러나 진정한 성은 하나님이 열어주신 아름다운 창조의 섭리 가운데 있으며, 그러한 남녀의 성을 통해 생명 탄생의 신비가 얼마나 아름답고 행복한 일인가를 먼저 알려주는 것이 더욱 필요할 것이다. 성 행위의 결과로 임신이 이루어질 수 있음을 알려주고, 방어적 차원에서 피임을 설명하는 접근은 임신은 자칫 큰 문제라는 청소년기의 잘못된 인식을 야기시킬 우려가 있고, 이는 저출생의 사회적 풍토를 만드는 의식의 파급 효과가 있다. 생명 잉태가 잘못된 행동의 결과가 아니라 축복이라는 것을 먼저 아는 기독교 성교육의 새로운 실천을 열어가야 한다.

성에 대한 바른 이해와 더불어 자신의 몸을 지키려는 '몸가짐'의 실천이 이루어져야 한다. 하나님 앞에서 자신의 순결을 돌보고, 자신만의 매력을 찾아서 돌볼 수 있는 역량을 키워가야 한다. '몸가짐'은 의식주를 포함한 일상적 삶의 태도에서부터 성적 순결에 이르기까지를 포함한다. 무엇을 먹고 마시느냐와 무엇을 입고, 어떻게 살아가느냐에 대한 문제는 하나님 앞에서 주어진 과제이기도 하지만 개인이 사회 속에서 어떤 삶을 살아가고 있느냐를 보여주는 문제이기도 하다. 우선 삶의 격을 세우고, 내가 살고자 하는 의식주의 삶의 모형을 성경적 관점에서 세워나가는 것이 필요하다. 술을 마시면 안 되나요? 담배를 피워도 될까요? 밤늦도록 게임 조금 하는 정도는 괜찮지 않을까요? 이러한 질문에 대한 정답은 무엇인가를 찾기 이전에 삶의 혼란과 질문의 내면에 있는 나의 자세를 점검할 필요가 있다. 무엇을 하느냐가 아니라 성경에서 출발해 자신을 스스로 바라볼 수 있는 시선이 있다면 그 해답을 찾아낼 수 있을 것이기 때문이다.

마음가짐 : "너의 반쪽, 나의 반쪽"

너의 반쪽, 나의 반쪽은 반이 아니라 하나이다. 서로 돕는 반쪽이 하나로 이어지기도 하지만 너의 반쪽인 나는 온전한 하나의 정체성을 세워야 한다. 나 자신이 온전한 하나로서 스스로 잘 세워질 때 너의 반쪽이 되어 돕는 자리에 설 수 있게 된다. 상대를 배려하고 세상 속에서 따뜻한 마음을 열어갈 수 있는 그 누군가가 되기 위한 '마음가짐'을 세워나갈 필요가 있다.

시간계획, 재정계획, 인간관계 등을 정비하면서 내가 가진 성품의 매력을 키워나가야 한다. 하나님 앞에서 마음과 성품을 돌보며, 사람 앞에서 마음을 가다듬어 배려하고 섬기는 '마음가짐'은 사람과의 관계에서 힘을 발휘하게 된다. 누군가를 향하는 각자의 마음을 돌보는 것은 됨됨이로 나타나게 된다. 자신의 마음가짐을 바로 세우고 돌볼 줄 아는 이는 궁극적으로는 타인과 사회 속에서 선한 영향력을 가지게 될 것이다.

자신의 삶의 영역을 돌아보고 반성적으로 생각할 줄 알며, 시간과 공간에 대한 통찰을 갖는 자세를 갖도록 노력해보자. 우선 마음을 돌보기 위해서는 하나님 앞에서 나의 상처를 내려놓고, 겸손으로 나아가며, 치유되는 과정이 선행되어야 한다. 그리고 삶의 맥락에서 나에 대한 이해와 반성의 순간을 만날 수 있다. 비형식적으로나마 자신의 인생의 자서전을 써볼 수도 있고, 아프고 힘들었던 순간을 내어놓고 정리하는 시간을 가질 수도 있다. 또한 함께 하는 친구, 가족이나 소속된 공동체 안에서의 관계를 되돌아보고, 직시하고, 반성하는 기회를 가질 수도 있다. 그리고 내가 변할 수 있는 삶의 목록을 세워보자. 때로는 절약이나 절제가 될 수도 있고, 때로는 말씨의 변화일 수도 있고, 때로는 상처 준 이에 대한 사과의 시간이 필요할 수도 있겠다. 이런 순간을 통해 내 마음을 돌보고 새로운 '마음가짐'을 갖게 될 수 있다.

2.
이성 교제를 시작해요

두근두근 첫 만남에서부터 데이트를 하고, 이성교제를 시작하기까지 어디를 바라보며, 어떻게 함께 나아가야 할까? 이성교제에 앞서 바람직한 이성교제의 관점을 세우고자 하는 노력을 해보아야 할 것이다.

시작 : "두근두근 첫 만남"

가정은 남자와 여자의 만남에서 출발한다. 이성 교제의 첫 출발은 첫 만남의 인상에서 시작한다. 이성을 만나는 사회적 과업에 직면해있는 청년기에는 이성에게 매력적으로 보이기 위한 시도를 한다. 헤어스타일, 메이크업, 패션에 대한 관심이 늘면서 자신만의 매력을 키워가려고 노력하게 된다.

매력은 어디에서 오는 것일까? 이성 간의 만남에서 첫인상은 중요하다. 상대에게 관심이 생기고 그 관심이 커지기 위해서는 외모나 행동에서 의미

있는 인상을 형성해야 한다. 이러한 첫인상은 호감의 형태로 발전하고 더 만나고 싶고, 알고 싶은 감정으로 연결된다.

그래서 이성과의 두근두근 첫 만남에 대한 소중한 경험을 열어가기 위해서 자신의 외모나 행동을 가꾸고, 자신만의 매력을 찾는 것이 필요하다. 즉 자신을 돌보는 과정이 시작이다. 그래서 그 만남이 오래 기억될 수 있는 아름다운 인생의 한 조각이 되도록 말이다. 청소년기에 이성과의 만남에서 첫인상은 서로를 잘 이해하고 분별력 있는 만남을 여는 출발이다.

교제 : "우리 데이트 할까요?"

큐피트의 화살을 맞은 남녀는 본격적으로 이성 교제를 시작하게 된다. 흔히 데이트라는 남녀 간의 만남은 서로를 알아가는 단계이다. 이 단계에서는 서로 좋은 인상을 주기 위해 노력하게 되고, 서로 간의 정보를 교환하게 된다. 이러한 만남의 과정에서 서로 지속적으로 관계를 맺어갈 것인지 아닌지를 결정하게 되는 순간이 온다.

서로 간의 관계가 더욱 친밀해지면 사랑이라는 감정에 대해서 더욱 생각하는 단계에 이르게 된다. 감정적 변화와 더불어 서로 간의 사랑을 확인하고픈 욕구가 생겨나고 대화나 감정의 교류도 깊어지게 된다. 이러한 경험이 지속적이고 안정적으로 쌓이게 되면 신뢰를 형성하고 서로 간의 애정 표현도 증가하게 된다. 그런데 이러한 이성 교제 가운데도 하나님과의 동행이 있어야 할까? 지금은 우리 둘만의 데이트 시간인데 "하나님 잠시 저희들끼리만 있을게요"라는 마음이 생기는 것은 아닐까? 서로를 배려하고, 바람직한 이성 교제의 관점을 세우고 있다고 할지라도 감정에 휘둘릴 때가 많기 때문에, 이성적이고 바람직한 관계를 세우기 위해 하나님이 주시는 지혜와 분별력을 구해야 한다.

데이트에 하나님이 동행하신다면 참 안락하고 안전한 데이트가 될 것이다. 왜냐면 데이트는 배우자를 찾아가는 과정이고 데이트를 통해 좋은 만남과 설렘도 있지만 헤어짐으로 이어질 수도 있다. 이러한 일련의 과정에 개개인의 연약함으로 상처를 받을 수도 있고, 선택에서의 갈등도 있을 수 있다. 이러한 혼돈의 과정에 하나님이 중재자도 되어 주시고, 상담자도 되어 주시고, 상처받지 않도록 도와주는 치료자도 되어 주신다. 데이트가 하나님이 예비하신 반쪽을 찾는 거룩한 과정이며, 이를 통해 하나님께 영광을 돌릴 수 있다면 가장 행복한 한 편의 인생의 조각이라고 볼 수 있지 않겠는가?

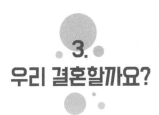

3.
우리 결혼할까요?

나의 반쪽을 찾았다. 이 사람이라면 함께
할 수 있겠다는 확신과 신뢰를 기반으로
이제 결혼을 고민하게 된다. 개인이 배우
자를 선택하는 과정에서 여러 가지 고려들
이 있을 것이다. 그 과정에서 혼란을 겪기
도 하지만, 이 과정은 가정을 세우는 중요한
걸음이기도 하다.

결혼의 선택 : "결혼해도 될까?"

결혼을 결정하는 과정에서 가장 중요한 문제는 서로 합하여 함께 나아갈
수 있을까 하는 문제이다. 여기서 기억해야 할 것은 그 누구도 완벽한 하나

의 모습으로 맞추어져 있는 경우는 없다는 사실이다. 완벽해 보이는 한 쌍의 원앙새도 우리의 기대와 달리 때때로 배신을 한다고 한다. 처음부터 완벽한 대상을 찾을 것이 아니라 서로가 보완하여 성장할 수 있는 대상을 하나님 앞에서 찾아나가는 과정이 중요하다. 이러한 과정에서 성격, 성장배경과 가정, 직업 등을 고려할 수는 있으나 그 무엇보다도 대상이 하나님의 목적에 따른 삶을 나눌 수 있는가에 대한 판단과 분별이 필요하다. 게리 토마스(Gary Thomas, 2014)는 배우자 선택의 기준을 제시한 바 있다. 이런 선택의 기준이 절대적이지는 않다고 하더라도 인생의 동반자를 찾는 여정에서 생각하고, 구체적으로 노력해가는 방향성은 될 수 있을 것이다.

성경의 명백한 지침	• 그 사람은 그리스도를 경외하는 그리스도인인가?(잠31:30) • 성경적으로 결혼에 합당한 사람인가?(막10:11~12)
지혜	• 그 사람은 돈을 어떻게 관리하는가?(잠31:16,18) • 열심히 일하는 사람인가? (잠 13:4, 26:13~15) • 정직하게 사는 사람인가? (잠 13:6, 20, 25:28) • 그 사람은 말로 사람들에게 상처를 주는가? 아니면 격려를 배푸는가? (잠 12:18, 18:21)
부모와 목사의 조언	• 부모의 의견을 참작하라 • 목사를 비롯하여 당신이 존중하는 경건한 사람들과 의논하라 • 이 관계가 당신에게 어울려 보이는가? 혹시 우려되는 요소는 없는가?
기도	• 기도로 하나님을 구하면 그분은 우리를 누군가에게로 인도하실 수 있고, 지혜로운 결정을 도우실 것이다.

출처: Gary Tomas(2014).

양가 인사 : "저희 진지하게 만나고 있어요"

결혼할 대상이라는 상호 간의 의견 일치가 생기게 되면, 양가에 인사를 드리고 결혼에 대해 본격적으로 이야기를 나누게 된다. 보통은 남자친구나 여자친구로서 상대방의 부모님을 만나 인사를 드리는 시점이 생기게 된다. 어떤 계기를 활용하기도 하고, 특별히 인사를 드리는 시간을 만들기도 해서 상대방의 부모님을 만나 뵙고 인사를 드리게 되면서 자연스럽고 진지하게 결혼에 대한 협의가 오고갈 수 있을 것이다.

이 때 본격적 결혼 준비를 위한 첫 의례가 상견례이다. 상견례는 일반적으로 결혼 전에 양 가정이 서로 만나서 대면하고 인사하는 것을 지칭한다. 이러한 상견례는 여러 양상이 있을 수 있으나 경험과 삶의 스토리가 다른 두 가정이 한 자리에 하면서 생각을 나누고, 서로를 살핀다는 점에서 긴장되는 순간이기도 하다. 그러나 서로 다른 삶의 양식과 가치를 존중하며, 서로의 자녀에 대한 애정을 품고 만난다면 새로운 가정이 태어나기 위한 멋진 순간이 될 수 있을 것이다.

또한 결혼 준비부터 결혼 생활에 이르기까지의 여러 가지 준비과정에 대한 지원이나 도움을 받는 예비부부학교에 참여하거나 컨설팅을 받을 수도 있다. 결혼 앞에서 생각과 가치를 함께 조절하며, 세워나가고 바람직한 가정을 함께 그려갈 수 있다. 특히 기독교가정을 세우기 위해 꽤 낯선 결혼이라는 제도 앞에서 가정의 의미와 자녀계획, 육아와 역할, 직업과 비전 설계 등에 대해 함께 계획하고 맞추어가는 과정이 행복한 결혼을 위한 준비과정이 될 수 있다.

4.
서로 합하여 가정을 이루어요

이제 결혼하기로 약속하고, 행복한 미래를 꿈꾸는 이들에게는 사회적 약속이나 예식과 새로운 관계 맺기의 과제가 주어진다. 결혼예식과 양가 가족과의 새로운 관계 맺기는 가정을 세우는 과정에서 중요한 단계이다.

결혼 준비 : "우리 어떻게 살아갈까?"

결혼을 하기로 약속을 하게 되면, 구체적 계획과 실천이 있어야 한다. 각 가정에 인사를 나누고 결혼 예식에 대한 준비, 양가의 만남과 관계 맺기, 재정 및 시간 관리에 대한 계획, 자녀계획, 성격 맞추기와 생활패턴의 계획 등에 대한 구체적 설계가 있어야 한다.

결혼이라는 것은 각자 성장했던 가정을 떠나 새로운 가정을 세우는 출발이다. 서로 간에 새로운 가정과 새로운 관계를 맺게 된다. 그래서 보통 양가에 인사를 가게 되고, 상견례를 통해 결혼에 대한 구체적 협의를 해나가게 되는데, 이 과정에서 존중과 예의를 포함하면서 허례허식이 아닌 결혼의 참 의미를 되새기려는 노력들이 필요하다. 이는 결국 사회의 모범적 결혼문화를 기독교가정이 이끌어갈 수 있게 될 것이다.

또한 결혼에 따르는 구체적 삶의 변화를 서로 배려하며 맞추어나가게 된다. 서로 다른 가정에서 다르게 살아온 두 사람이 같은 공간과 시간을 걸어가기 위해서는 여러 삶의 양상에 대한 협의와 계획이 필요한 것은 당연하다. 지금까지 나 중심으로 살아왔던 시간과 공간을 너를 위해 내어놓을 수 있는 것이 서로 돕는 가정의 본질임을 잊지 말아야 한다. 반쪽이 만나 하나가 된다는 것은 1과 1이 만나 2가 되는 것이 아니라 완전히 새로운 1이 다시 생성되는 과정이다. 이것이 결혼이며, 그러한 결혼을 위해서는 갈등을 조절하고, 새로운 조합을 이루어가는 진통이 반드시 존재한다. 이러한 진통은 결국 이해와 나눔으로 아름다운 가정을 위한 중요한 과정이 된다.

한국 전통사회에서는 혼례를 치르기 전에 예비 신랑과 신부를 대상으로 친인척 중에서 특정인이 남편으로서, 아내로서의 역할을 교육하는 시간을 가졌다고 한다. 기독교가정의 남편과 아내의 역할을 세우고, 그 역할에 대해 예비부부들이 생각하고 준비하는 과정을 가질 수 있도록 돕는 교육프로그램이나 지원체계가 필요하다. 저출산 시대에 이러한 준비를 돕는 교회의 역할이 강조되어야 할 때이다.

결혼 예식 : "나랑 결혼해줄래?"

결혼 예식은 부부가 가정을 이루었음을 공표하는 의식적인 절차이다. 기독교가정을 위한 결혼 예식은 부부와 가정, 친인척 간의 문제가 아니다. 하나님이 주인되시는 가정, 그러한 가정을 세우신 하나님 앞에 감사의 예배를 드리고, 서약하고, 공포하는 과정이 결혼식이 되어야 한다. 그런 면에서 결혼예배는 하나님 앞에서 두 부부의 약속이며, 사람들이 증인을 서는 순간이다.

보통 결혼 예식은 양가 상견례, 결혼 날짜 결정, 결혼식 형식 계획, 주례 위촉, 청첩장 발송, 결혼식, 피로연, 신혼여행 등으로 이어지게 된다. 전통적으로는 신랑 측이 혼인이 이루어진 것에 대한 감사의 마음을 표하기 위해 예물과 혼서지를 신부 측에 보내는 '함'을 들이는 경우가 있었다. 그러나 최근에는 많은 절차나 형식이 간소화되거나 생략되고 있는 추세이다. 기독교 가정을 세우는 결혼 예식은 예배를 통해 하나님께 영광을 돌리고, 하나님 앞에서 이루어가는 다짐의 순간이 되어야 한다.

이러므로 사람이 그 부모를 떠나서 그 둘이 한 몸이 될지니라 이러한즉 이제 둘이 아니요 한 몸이니 그러므로 하나님이 짝지어 주신 것을 사람이 나누지 못할지니라 하시더라(마가복음 10:7~9)

결혼식은 둘이 한 몸이 됨에 대한 약속이요 공표이며, 가정을 세우신 하나님께 감사와 영광을 돌리는 시간이며, 사람들 앞에서 한 가정을 이루었음을 고백하는 순간이다. 따라서 결혼은 화합의 순간을 겸허한 자세로 이루는 공식적 의례이지만 그 모양이 아니라 마음과 자세를 포함한 내적 중심이 중요한 예식이다.

혼인신고 : "이제 정말 우린 부부야"

법적으로 부부가 되는 절차로서 혼인신고가 있다. 이제는 공식적인 부부가 되는 절차인 혼인신고를 해야하는 순간을 맞이하게 된다. 혼인신고는 혼인 사실을 시(구)·읍·면의 장에게 신고하는 것으로 혼인 당자자인 두 명의 합의가 있어야 하며, 방문이나 우편으로 가능하다. 혼인신고는 신고인의 등록기준지 또는 주소지나 현재지에서 할 수 있는데 시(구)·읍·면의 사무소에서 하면 된다.

혼인이라는 것은 「가족관계의 등록 등에 관한 법률」에 따라 신고함으로써 그 효력이 발생하는 것으로, 혼인신고를 통해 합법적으로 가정이 탄생하게 된다. 이러한 혼인은 새로운 관계 설정을 포함하게 된다. 처가와 시집이라는 새로운 개념의 관계가 형성되기도 하면서 관계의 범위가 넓어지게 된다. 배우자와의 가정과 새로운 관계를 설정하게 되고, 그 속에서 새로운 호칭이나 역학적 관계가 형성되기도 한다.

그러나 이러한 개념을 달리 본다면 두 남녀가 새로운 가정을 세울 때 든든한 네트워크를 형성하는 것이자 지원 체제가 생기는 것이다. 예의와 사랑으로 그 관계맺기를 이루어갈 때 하나님이 보시기에 아름다운 가정을 세우는 든든한 멘토 군단이 생겨나는 것이기도 하다.

넷

부모라는 이름으로

가정을 세워가요

남자와 여자가 합하여 하나의 가정을 세우게 되면 서로 보살피고 돌보는 적응의 과정을 거치게 된다. 흔히들 신혼이라는 이름의 첫 출발은 주변에 새출발을 알리기도 하고, 삶의 양상을 맞추며 적응해가게 된다. 이 때 서로 마음을 보살피고, 신앙적 삶을 맞추어가는 과정 또한 필요하다.

신혼 생활 : "알콩달콩, 티격태격"

사랑의 감정으로 서로 결혼을 하고 함께 같은 공간에서 살게 된다는 것은 참으로 행복한 출발이라고 볼 수 있다. 신혼시절은 흔히들 깨를 볶는다고 표현할 정도로 아름다운 동행의 시작이다. 그러나 불타오르는 사랑의 열정은 얼마나 오래갈 수 있는가? 사랑의 호르몬인 옥시토신은 시간이 지나면서 줄어들게 되고 '사랑'이 줄어드는 것처럼 느끼게 된다. 또한 부부는 분명 생리적으로, 사회문화적으로, 심리적으로 다른 상태에서 만나 함께 살아가면서 때때로 역할 갈등을 갖게 된다.

하나님은 남자의 뼈를 취해 여자를 지으셨고(창2:20-22) 둘이 합하여 하나가 되게(창2:23-24) 하셨다. 하지만 죄의 본성으로 서로의 역할과 행위를 탓하며, '너 때문이야'라는 갈등에서 자유로울 수 없다. 사람은 사랑받기를 원하고 사랑하기를 원한다. 아름다운 가정을 준비하기 위해서는 선택한 배우자를 소유가 아닌 존재로서의 가치를 인정하고 사랑을 표현하는 것이 필요하다. '당신은 사랑받기 위해 태어난 사람'으로서 자신의 소유가 아니라 존재한다는 것만으로 감사함을 표현하면서 마음을 돌보는 과정이 있어야 한다. 인간은 자아가 강하여 상대의 마음을 돌보고 품기보다는 자신의 마음을 드러내기 쉽다. 사랑하고, 관계하고, 소통하며 살아가고자 하지만 분노하고, 갈등하고, 상처를 주면서 살아가게 되기도 한다. 그래서 갈등을 벗어나 진정한 관계로 정착되고, 아름다운 언어로 소통하는 법을 배워가야 한다. 그러한 배움의 과정에서 존재에 대한 감사, 사랑의 결실, 관계의 평안이 이루어질 수 있을 것이다.

이러한 돌봄이 쉽지만은 않다. 어쩌면 다시 우리는 하나님 앞에 무릎을 꿇어 돌봄의 실패에 힘들어할지도 모른다. 그렇지만 서로의 마음을 돌보기 위한 노력은 분명 서로에게 소통을 가져올 수 있다. 우선 배우자에 대한 예의 있는 말씨와 언어습관은 너무도 중요하다. 과격한 언어적 표현은 상처를 줄 수 있는 도구가 된다. 그러나 아름다운 언어는 상처를 치유하는 도구도 될 수 있다. 언어습관을 돌보고, 타인의 마음을 들여다보려는 연습은 우리의 한계 앞에서 서로를 돌보는 실천이 가능토록 도울 것이다.

비전과 삶 : "우린 어떤 꿈을 꿀까?"

부부는 각자 자신의 꿈과 삶이 있었을 것이다. 그런 두 인격체가 만났고, 서로 하나의 가정에서 살아가게 된다. 이제 둘은 서로 다름을 인정해야 한다. 상대가 나와 같기를 바란다면 그것은 상대를 소유로 여기는 것이다. 서로의 다름을 인정하고 하나의 울타리로 엮을 수 있는 양보와 이해가 필요하다.

배우자를 선택할 때 개인이 하나님 앞에서 설정한 비전과 삶이 맞는가에 대한 고려가 필요하며, 결혼 이후에는 함께 맞추어서 비전과 삶에 대한 세부 설계에 대한 나눔이 있어야 한다. 함께 생애 그래프를 그려보고, 미래 생애 설계를 같이 해나갈 수 있다. 과거의 삶을 나누고 그 상처를 극복하여 오늘을 세우고, 다시 함께 미래를 세워나가는 것이 가정을 세우는 과정에서 중요한 과업이 될 것이다. 서로의 역할 갈등을 적절하게 해결하고, 나아가 동역자로서의 비전과 삶의 방향을 세워나가야 한다.

2.
부모가 될 준비를 해요

가정의 성립은 새로운 생명을 잉태할 수 있는 잠재적 가능성을 갖고 있다. 최근 가정의 성립에 있어서 자녀는 필수가 아닌 선택이라는 인식이 늘고 있지만 진정한 가정의 의미를 살펴본다면 새로운 자녀를 만나고, 돌보는 일만큼의 축복은 없다. 부모가 된다는 것은 하나님이 한 가정에 부여하신 축복임이 틀림이 없다. 그러나 진정한 축복을 맞이하기 위해서는 부모가 될 준비를 하는 성장과 변화를 동반해야 한다. 미리 하나님이 위임하시는 새로운 생명인 자녀를 돌보고, 부모가 됨에 대한 계획과 준비의 시간이 필요하다.

건강한 성생활과 출산계획 : "부모가 될 수 있을까?"

첫날밤이라는 것은 하나님 앞에서 서약한 두 사람에게는 설레면서도 거룩한 날이기도 하다. 결혼을 한 부부는 성(性)을 어떻게 이해하고 가꾸어나갈 것인가? 부부가 결혼을 하여 성생활을 하는 과정에서 사전교육과 돌봄의 과정 또한 필요하다. 그리고 이와 연결하여 어떻게 자녀 출산을 계획하고 적절한 생활을 해 나갈지에 대한 계획이 따라야한다. 옛날 전통사회에서는 '합방일'을 따로 둘 정도로 두 사람 간의 관계에 있어서 자녀출산의 계획이 중요한 일상이었다. 건강한 성생활과 더불어 자녀 출산을 위한 계획은 건강한 자녀를 낳고 돌보는 기초이다.

유아교사는 아이들에게 성교육을 할 때가 있다. 그러면 아이들은 신기한 표정으로 구체적인 것까지 질문을 하곤 한다. 교사시절 성교육을 하던 순간을 잊을 수 없다. 성교육을 하던 어느날, 남학생 실습생이 뒤에서 참관을 하고 있었다. 한참을 듣고 있던 남학생의 얼굴이 홍당무가 되어 어쩔줄을 모르고 있는 것이 아닌가? 그 때 남학생의 흔들리는 눈빛과 아이들의 초롱초롱한 눈빛이 대조되면서 깨달은 것이 있다. 하나님이 창조하신 성은 아이들의 눈빛처럼 신비롭고 아름다운 것이다. 이렇게 성을 아름답고 신기하게 여기며, 궁금해 할 때 창조의 아름다움을 제대로 알려주어야 하며, 이것이 유아기 성교육이 되어야 한다는 것이다. 이런 바른 성교육을 토대로 자라서 가정을 세울 때, 남자와 여자는 아름다운 성을 허락하신 하나님께 감사하고, 서로를 아끼고 돌볼 수 있는 것이 아니겠는가!

남자와 여자가 서로의 성을 존중하고, 서로를 알아가고 살펴 나가며, 사랑 가운데 다음 세대를 계획해나가야 할 것이다. 하나가 된 부부에게 주어진 최고의 축복이요 사명인 자녀에 대한 바른 계획과 이해, 그리고 이를 위한 기도가 시작되어야 한다.

말씀 묵상과 기도 : "가정예배 시작!"

배우자를 위한 기도 만큼이나 자녀를 낳고 키우기 위한 준비의 과정에서 말씀 묵상과 기도의 시간이 필요하다. 성경을 묵상하고 은혜를 나누는 시간은 가정 구성원에게는 매우 중요한 경건의 시간이다. 또한 이 시간은 서로의 문제를 이해하고 교류할 수 있는 통로가 될 수도 있다. 따라서 자녀를 낳고 키우는 것의 의미와 실제를 말씀 속에 공유하고 세워나가는 시간이 중요하다.

부부가 가정예배를 통해 말씀을 나누고, 하나님이 기뻐하시는 삶을 살아가고, 그 가운데 자녀에 대한 바람직한 성경적 관점을 세우는 것은 자녀 잉태를 위한 준비과정이 될 수 있다.

또한 가정의 세움의 중심에는 기도가 있어야 한다. 가정 구성원은 서로의 기도를 먹고 산다고 해도 과언이 아닐 정도로 중보의 기도가 있어야 한다. 자녀를 낳기 전에 임신과 출산, 자녀와 육아를 위한 기도의 시간을 가져야 한다. 손잡고 기도하기, 안고 기도하기 등을 통해 서로를 위해 간절한 중보의 길을 열어갈 수 있다. 자녀를 위한 기도 제목이나 그 기도의 결실을 나누는 기록이나 일기는 추후에 자녀에게 중보의 유산을 전해줄 수 있는 소중한 자료가 되기도 한다.

3.
바람직한 자녀관을 세워요

자녀란 어떤 대상인가? 하나님이 우리에게 맡겨주신 자녀에 대한 바람직한 관점을 세우는 것은 육아의 시작이다.

형상 : "하나님의 형상을 따라 지어졌어요"

우리에게 맡겨진 자녀는 어떤 존재인가? 우리의 자녀는 하나님의 형상으로 지음 받은 존재이다. 하나님의 형상을 따라 창조되었으나 인간의 타락으로 말미암아 구속의 은혜가 필요한 존재이다.

코메니우스(Comenius, 1956)에 의하면 유아는 하나님의 형상이 있는 합리적 존재이며, 하나님과 교제하는 존재로 지음을 받은 가장 온화하고 성스러운 존재이지만, 최초의 인간인 아담의 죄로 말미암아 타락하여 부패한 상태라고 하였다. 우리의 가정에 자녀라는 이름으로 함께 하는 어린 아들과

딸은 하나님의 형상을 닮은 존재로 태어났고, 하나님과 함께 살도록 지은 바 되었다.

사랑과 보호가 필요해요

"예수께서 보시고 노하시어 이르시되 어린아이들이 내게 오는 것을 용납하고 금하지 말라. 하나님의 나라가 이런 자의 것이니라(마가복음 10장 14절)

어린 아이는 하나님의 형상을 닮은 소중한 존재이자 사랑스러운 존재이다. 아가의 미소, 아가의 손과 발, 그 모든 것이 어른들의 마음을 흔든다. 아가는 양육자의 보호가 필요하다. 아이들은 스스로 아직 어리고 잘하지 못하기 때문에 양육자가 필요하다고 인정한다. "난 아이니깐 그렇지요. 형아 되면 할 수 있어요"라고 말하는 순수함은 타인의 도움을 받을 준비를 하고 있다. 이는 애착의 형태에서 '적극적인 접근 추구'의 형태로 나타난다. 엄마와 아빠를 부르면서 졸졸 따르는 아이들의 모습은 보호하고 사랑하지 않을 도리가 없게 만든다. 부모를 따르는 아이들의 모습을 보고 있노라면 하나님의 형상을 닮은 하나님의 자녀인 인간은 본질적으로 이렇게 하나님과의 애착 관계로 하나님을 따라야 살 수 있는 것이 아닌가 하는 생각을 하게 만든다.

그런데 하나님은 우리를 너무나 사랑하셔서 자신의 아들을 내어주셨다. 우리 가정의 아이는 하나님이 자신의 아들을 내어주시고, 온갖 고난을 감수케 할 정도로 사랑한 한 생명이다. 따라서 '금쪽같은 내 새끼'는 단지 나의 소유가 아니라 하나님이 천하보다 귀하게 여기는 한 생명임을 잊지 말아야 한다. '내 자식'을 나의 소유가 아니라 하나님의 형상을 닮은 위임받은 귀한 존재로서 이해할 때 부모는 하나님 앞에서 자녀를 겸허한 마음가짐으로 대하게 될 것이다.

다름 : "모두 달라요"

교육의 관점과 과정의 변천을 살펴보면 시대 상의 특성이 반영되어 있다. 제2차 산업혁명의 시대를 통해 대량생산의 혁명이 일어났고, 이는 인간발달의 이해와 더불어 학교교육 체제 및 공교육의 확대의 시대적 배경이 되기도 하였다. 또한 3차 산업혁명의 지식 정보의 혁명은 교육적 차원에서 정보화와 세계화의 기저로 작용하게 되었다. 이러한 시대적 변화는 결국 정보의 습득과 처리, 과학적 기술 중심의 인재 양성이라는 과제 앞에서 인지 중심의 교육 현상을 낳게 된다.

결국 전인적 인간 발달의 중요성을 강조하지만 실제로는 인지발달이론을 중심으로 교육의 내용이나 방법론이 연구되고, '똑똑한 아이 딜레마'에 빠져 궁극적으로 '공부 잘하는 아이 지향적 사고'가 사회적 통념이 되어버렸다. 그러나 지식과 경쟁을 중심으로 한 교육은 그 대상을 행복하게 하는가라는 또 다른 사회의 딜레마를 낳았다.

이제 4차 산업혁명의 시대와 더불어 빅데이터와 인공지능의 정보 기술 기반 초연결 혁명은 암기 중심 교육의 무용론을 고개 들게 하고 있다. 미래 사회가 진정으로 필요로 하는 인재는 빅데이터나 인공지능이 대체할 수 없는 인간만의 고유한 잠재력의 개발을 요구하고 있다. 전인적 성장을 통해 가슴이 뜨겁고, 적절하게 관계하며, 그래서 바람직한 사회로서의 가능성을 열 수 있는 역량이 요구되고 있다.

"각각 하나님께 받은 자기 은사가 있으니 이 사람은 이러하고 저 사람은 저러 하니라" (고린도전서 7장 7절)

교사로서, 원장으로서, 교수로서 많은 아이와 부모를 만나왔다. 그런데 그 어느 한 아이도 같은 아이가 없다. 어느 한 아이도 문제가 없는 아이도 없다. 또한 그 어떤 아이도 장점이 없는 아이는 없다. 부모는 하나님이 이 세상에 어디에도 없는 특별한 아이로 내 자녀를 창조하시고, 우리에게 보내셨다. "아빠, 나 사랑해?", "엄마, 나 사랑해?"라고 묻는 아이 앞에서 우리는 대답할 수 있어야 하겠다. "그럼, 너무 사랑해. 너는 하나님이 창조하신 특별한 아이야"

축복 : "축복의 대상이에요"

각 가정에 주어진 자녀는 축복의 존재이다. 방긋 웃는 아이의 미소가 재잘거리는 아이의 목소리가 가정의 희망이 된다. 아이를 낳고 키운다는 것은 단지 세대를 이어간다는 의미 이상이다. 아이가 성장하는 순간은 희노애락의 다양한 시점들을 가지지만 부모에게나 아이에게나 축복의 순간이 된다. 아이가 성장하고 발달하면서 부모도 함께 성장하고 발달한다. 자녀를 키우면서 결국 한 남자와 여자도 삶의 여정에서 성숙해나가게 된다.

자녀가 자라고, 부모가 하나님 앞에서 겸허해져가고, 나아가 생명의 본질을 깨달아간다. 어린 아이는 힘들고 고된 짐일까? 요즘 결혼을 꺼리는 세대들은 육아를 의미 없는 소비쯤으로 여기는 경우가 종종 있다. 자녀를 키운다는 것은 배움의 길이요 채움의 길이 된다. 자녀를 키우는 과정에서 행복이란 단어를 찾게 되고, 힘겨움도 행복으로 바뀌어가는 힘이 있다. 자녀는 축복해주어야 할 존재임과 동시에 한 가정의 축복 자체이다.

필요 : "예수님이 필요한 존재에요"

자녀를 어떻게 키우고 교육시켜야 하는가에 대한 고민과 갈등은 부모로서 가장 큰 관심사임에는 틀림이 없다. 축복의 대상이고 참 소중한 존재이지만 때때로 자녀가 '고민 덩어리'로 인식되는 경우도 있다. 떼를 쓰고 고집을 부리기도 하고 언제쯤 철이 들까 깜깜하기도 하다. 그러다 어느 순간 사춘기를 거치면서 부모는 순간 순간 훈육의 방법에 대해 고민하게 된다.

부모는 분명 자녀가 바람직하게 자랄 수 있도록 하는 교훈과 훈계의 의무를 지닌다. 그러나 부모 자신도 완전하지 않기에 훈육의 과정에서 감정이 개입될 때가 많다. 에베소서 6장 4절에는 "아비들아 너희 자녀를 노엽게 하지 말고 오직 주의 교훈과 훈계로 양육하라"라고 하였다. 영유아도 분명 "최초의 인간인 아담의 죄로 말미암아 타락하여 부패한 상태(Comenius,

1956)"임에 틀림이 없다. 그러나 훈육의 담당자인 부모 역시 타락한 상태에 있다. 그래서 훈육과 교육으로 나아가기에 완전하지 않은 상태에 있는 것이다. 부모가 자신의 성품과 인격만으로 자녀를 훈육하고, 어떠한 육아의 기술로 자녀를 교육하는 것은 한계가 있게 된다. 결국 궁극적으로 우리는 죄인이고 나약하며, 그래서 각 가정에 부모와 자녀에게 예수 그리스도의 은혜와 사랑이 필요함을 고백할 수밖에 없다. 부모와 자녀 모두에게 예수 그리스도의 구속의 은혜가 필요한 것이다. 우리의 자녀는 예수 그리스도의 은혜를 필요로 하는 존재임을 잊지 말아야 한다. 자녀를 양육하고 교육하는 그 시점에서도 궁극적으로 아이는 하나님께 속해 있음을 고백할 때 감정에 휩싸이지 않고 자녀를 존중하며 훈육하는 지혜가 흘러나올 수 있을 것이다.

어린 아이는 예수님이 필요해요

"평강의 하나님이 친히 너희를 온전히 거룩하게 하시고 또 너희의 온 영과 혼과 몸이 우리 주 예수 그리스도께서 강림하실 때에 흠 없게 보전되기를 원하노라"(데살로니가전서 5장 23절)

모든 부모는 자녀가 잘 발달해서 자라나가기를 바란다. 이론적으로는 지, 정, 의가 조화롭게 발달하는 전인적 성장을 꿈꾼다. 그러나 본질적으로 인간은 완전한 전인격적 성장을 하기에 불완전성을 가지고 있다. 결국 자의에 의해서 완전한 발달과 최고의 선을 이룰 수는 없다는 것이다. 우리는 하나님이 보내신 예수님이 필요하고, 그의 의에 힙입어 구속의 역사에 들어가게 된다. 그렇기에 우리의 자녀들은 지, 정, 의에 한 걸음 나아가서 영성을 깨우고 예수 그리스도로 말미암아 온전히 거룩하고, 영, 혼, 몸이 전인적 성장을 이루어갈 수 있도록 돕는 자리에 있어야 한다. 우리 아이들이 자신을 깨닫고, 겸손히 예수님을 따르도록 돕는 '징검다리'가 부모의 자리이다.

4.
부모라는 이름으로 함께 키워요

'응애 응애'라는 아기 울음소리는 풍요를 의미한다. 예부터 마을에 아기 울음소리가 있어야 그 마을이 흥한다고 했다. 부모라는 이름으로 자녀를 낳고 기르는 자리에 서는 것은 개인이나 사회, 나아가 하나님 나라를 위한 위대한 출발인 것이다.

결혼 이전에 결혼 당사자들은 출산과 부모됨에 대한 가치관을 정립하고 이에 대한 계획을 세워야한다. 부모됨은 나만의 문제가 아니다. 자녀계획이나 육아에 대한 계획에 따른 첫 출발을 통해 기독교가정은 시작될 수 있다. 바람직한 부모관을 세우기 위해 예비부모교육에 참여하여 함께 부모됨에 대하여 생각하고 출산 및 육아를 계획할 수도 있다. 기독교가정이 진정한 가정공동체의 역할을 하기 위해서는 사상이나 견해에 있어서 공유가 필요하다. 왜냐면 진정한 공동체는 공통의 생활공간에서 상호작용을 하고 있으며, 공통의 유대감을 공유하는 집단을 의미하는데 이러한 유대감이라는 것은 공통의 견해, 사상, 이론, 감정과 실천에 대한 공유가 있어야 가능한 것이기 때문이다. 따라서 가정에서 부모로서 아이를 돌보고 키우는 견해나 의식에 대한 공유가 필요하다. 특히 기독교적 관점에서 부모와 교육에 대한 관점을 세우고 이에 대한 의식을 부부가 공유하는 것은 가정공동체의 관계를 돈독하게 만들며 함께 나아갈 힘이 될 수 있을 것이다.

삶 : "부모로 살아봅시다"

자녀를 낳고 돌보는 것은 삶의 문제이다. 멋진 드라마도 아니고, 한 번의 노력으로 멋지게 해결되는 과제도 아니다. 24시간 함께 하는 새로운 생명이 가정 구성원으로 생겨나는 것이고, 이를 돌보는 육아의 문제가 따라오게 된다. 어떻게 아이를 갖게 되고, 어떤 과정을 통해 낳게 되며, 어떠한 모양으로 양육해가야 하는가에 대한 공감과 함께 삶이 필요한 것이다.

자녀를 하나님이 주신 기업이요, 축복이라고 여긴다면 어떻게 자녀를 낳고 돌볼 것인가에 대한 협의와 고려가 있어야 할 것이다. 기독교인으로서 한 생명을 어떻게 볼 것이며, 어떤 과정을 통해 잉태하고 낳고 키울 것이냐에 대한 고민이 필요하다.

성장과 변화 : "자녀를 키우면서 나도 크는거지"

자녀를 키우면서 단지 기독교가정의 새로운 구성원인 아이만 성장하는 것이 아니라 다른 구성원도 성숙하게 된다. 아비로서 어미로서 하나님 앞에서 한 생명을 돌보는 것은 자신을 돌아보게 되고, 주위를 돌아보게 되며, 나아가 겸허하게 하나님의 뜻과 은혜를 갈구하게 된다. 자녀를 돌보는 과정에서 하나님을 찾게 될 뿐 아니라 자녀와 더불어 이웃을 사랑할 수 있는 가슴을 갖게 될 수 있을 것이다. 이것이 하나님이 기독교가정에게 주신 가장 큰 축복이 아니고 무엇이겠는가? 함께 하나님 앞에서 세상에 서는 법을 배울 수 있는 가장 큰 울타리가 기독교가정인 것이다.

육아 공동체 : "교회교육공동체가 육아를 지탱해주어요"

기독교가정이 가지는 가정에 대한 관점은 혈연으로 맺어진 개인주의적 가족관에 국한되지 않는다. 예수님께서는 "누구든지 하나님의 뜻대로 하는 자가 내 형제이며 자매이고 모친(마3:35)"이라고 하셨다. 우리는 교회의 지체를 형제요 자매라고 부른다. 그렇다면 교회 안에서 가진 신앙공동체는 더 큰 의미의 기독교가정인 셈이다. 혈육으로 맺어진 가정공동체가 서로 돌보면서 함께 성장하는 과정이 확대되어 교회의 신앙공동체 안에서 서로 섬기고 돌보는 역할로 연결될 수 있다. 교회 안에서 부모와 부모가 만나고 서로 돕고 세우는 교육공동체를 형성할 수 있다.

기독교가정은 그 가정을 바람직하고 행복하게 세워나가서 하나님께 영광을 돌리는 것이 첫 번째의 목적이자 사명이다. 따라서 교회 안에서 섬김과 돌봄을 실천하고 나아가 지역사회에 선한 영량력을 끼치고 이를 통해 하나님 나라의 지평을 넓히고 영광을 돌릴 수 있는 역할 또한 주어져있다. 기독교가정의 역할은 세상을 향해 삶의 본보기를 보이는 것이 필요하다. 현대사회는 양극화와 인간소외의 시대를 살고 있다. 과거에 비해 물질적 풍요가 더해졌다고 하지만 실제 개개인이 느끼는 행복지수가 줄어들고 있고, 이는

'서로 함께'라는 따뜻함이 사라지고 개별적 생존만이 남아있는 사회를 양산하고 있다. 여기서 이웃에게 손 내밀고 따뜻한 삶의 향기를 풍길 수 있는 기독교가정이 필요하지 않겠는가? 이웃의 언 마음을 녹이고 그 속에 예수 그리스도의 향기를 발산하는 기독교가정으로 나아가기 위한 실천적 노력을 세워나가야 한다.

내 이웃에게 관심을 가지고, 그 가정에 다가가는 몸짓이 필요하다. 떡 한 조각이라도 나누어 먹으며, 작은 책자로 메시지와 삶을 나누고, 양보와 절제를 통해 섬김을 실천하는 현실이 있어야 하는 것이다.

기독교가정이 제대로 세워지기 위해서는 혈육으로 맺어진 내 가정에 대한 집착이 되지 않도록 하여야 한다. 물론 세상을 향한 사랑을 부르짖기 이전에 나의 도움이 필요한 가정의 아들, 딸, 배우자에 대한 섬김이 가장 선행되어야 한다. 이러한 섬김의 실천은 더 큰 사랑의 실천을 위한 훈련이 될 수도 있을 것이다. 그러나 기독교가정에서는 하나님 사랑으로 맺어져 탄탄한 관계를 형성한 가정 구성원이 교회, 지역사회, 세계를 품기 위한 노력과 고민들을 포함하여야 한다. 함께 이웃을 위해 우리가 할 수 있는 일들을 나누고, 세상을 향하여 땅끝까지의 사명을 실천할 수 있는 방법들을 강구해야 한다. 때로는 기도로, 때로는 노동으로, 때로는 물질로, 섬김을 실천할 수 있는 방법들을 통해 인류를 품을 수 있는 훈련이 기독교가정 안에서 이루어질 수 있을 것이다.

기독교가정은 두 남녀에서 출발하여 한 가정을 이루는 것이지만 교회 안에서 이루어지는 신앙공동체에서부터 나아가 세상을 향한 그리스도인의 사명과 비전을 포함하는 단위로 이해될 수 있다. 기독교가정이 교회 안에서 세상 속에서 어떤 역할을 해야 하는가를 세워나가는 것이 섬김과 나눔의 역할이다.

5.
자녀의 성장에 따라
부모의 역할 변화가 필요해요

자녀가 성장하면서 부모기도 변화를 맞게 된다. 한 생명을 잉태하고 태아에서부터 영아기로, 유아기로, 청소년기로, 성인기로 성장하면서 부모라는 이름의 역할도 달라져간다. 이렇게 변화하는 부모기 발달의 걸음을 따라가 보면 다음과 같다.

태교 시기의 부모기 : "예비부모기"

예비부모로서 부모의 이미지를 수립하는 단계를 지칭한다. 이 단계는 임신과 태교의 기간이며, 부모기에 대한 준비를 하는 시기이다. 부모는 이 시기에 태교, 부모에 대한 이해와 계획, 출산 이후의 준비 등을 하게 된다. 특히 하나님과 자신, 자신과 태아, 부부 간의 관계를 잘 정립함으로써 이 시기의 기대와 불안을 적절한 믿음으로 안정시킬 수 있다.

태교기의 부모는 설레는 기대와 더불어 역할 수행에 대한 두려움이 공존하는 시기이다. 태어날 자녀를 기다리며 기대와 상상으로 행복해하기도 하고, 태어날 아이의 모습을 상상하기도 한다. 그러다가도 때로는 육아에 대한 막연한 두려움이 몰려온다. 태교의 시기는 하나님이 부모가 될 준비를 하라고 주신 기간이다. 부모에게는 자녀를 만날 때까지 10달이라는 시간이 주어진다. 태교는 단지 태아를 교육한다는 의미가 아니라 부모가 될 준비를 한다는 의미도 내포한다. 태아는 출생을 통해 이 땅에서 살아갈 준비를 하고, 부모는 부모 됨의 자리를 찾아갈 수 있는 준비를 한다.

함께 예비부모교육에 참여해 볼까요?

가정을 세우고 바른 부모가 되기 위한 첫출발은 바른 부모관을 세워나가는 것에서 출발해야 한다. 그래서 청소년 시기부터 부모됨과 자녀 양육에 대한 교육이 필요하다. 청소년기, 청년기를 거쳐가면서 예비부모교육이 꾸준히 이루어져서 부모가 되어갈 준비를 하도록 도와야 한다. 학교나 사회에서 이루어지는 성교육의 수준을 넘어서 신앙 안에서 가정을 세우고 부모가 되는 것의 의미와 가치를 이해하고 아름다운 가정과 부모됨을 꿈꾸도록 지원해 주어야 한다.

영아기 자녀의 부모기 : "양육기"

발달에 대한 이론이나 사회적 지원 체계에 따라 영아기에 대한 기준이 상이할 수는 있지만 영아기는 일반적으로 출산에서 만2세에 이르는 시기를 지칭한다. 영아기 자녀를 둔 초보 부모의 경우 낯선 일상이 이어지게 된다. 신생아 시기에는 밤잠을 설쳐야 하고, 처음으로 젖을 물리면서 젖몸살도 하고, 손목이나 무릎의 부담을 느끼며 신체적으로 힘들어 하기도 한다. 하지만 흘러가는 시간이 아쉬운 아름다운 시기이기도 하다. 오물오물 젖을 물며 물끄러미 쳐다보는 아이의 눈빛은 부모의 가슴에 박혀서 이후에 한 번씩 꺼내볼 수 있는 보석 같은 순간이 될 것이다.

출산 이후 부모는 깜짝 놀라게 된다. 어떤 이는 누군가를 너무 닮아서일 수도 있고, 너무 닮지 않아서일 수도 있다. 또 어떤 이는 생각보다 눈이 작고 상상했던 그 어떤 모습이 아니라서 놀라기도 한다. 그러나 젖을 물리고, 품에 품으면서 또 다시 놀라는 것은 이 작은 아가에게서 일련의 생명의 움직임이 느껴지기 때문이다. 그러다 자라면서 엄마, 아빠를 알아보고 눈을 맞추고 방긋 웃는 시기가 온다. 더 나아가 다른 누군가에게 가지 않고 격리 불안을 느끼며 매달리는 아이를 보면서 은근한 미소를 머금게 되기도 한다.

누워서 꼼짝을 하지 못하던 그 아가가 뒤집기를 하고, 배밀이를 하고, 온 집안을 기어 다니게 된다. 서서히 잡고 일어서고, 발걸음을 내딛기 시작하면서 매 순간 부모는 감격의 도가니 속에서 환호하게 된다. 한 편의 각본 없는 드라마의 주인공과 마주 하면서 사소한 일상 속에서도 부모는 마냥 바보같이 기뻐한다. 이것이 행복이라는 또 다른 이름을 가진 부모라는 이름이다.

처음으로 '엄마'나 '아빠'라는 소리를 들으며 감격하는 순간은 가슴 떨리는 생애의 순간이 된다. 엄마답게 아빠답게 되어 가는 걸음들 속에서 영유아기 부모는 감격과 배움이 있는가 하면 때로는 실패와 좌절도 있게 된다. 자녀의 성장을 보면서 감격하고, 육아의 방법을 터득하는 깨달음이 있는가 하면 때로는 울고 보채는 아이 앞에서 어찌할 바 몰라 쩔쩔매기도 한다. 갈팡질팡 육아의 일상은 실패와 좌절로 다가오기도 하지만 이내 평정을 찾게 되면서 부모가 되어간다. 그 가운데 가정 구성원의 관계도 새롭게 정의되고 새로운 역할 이해를 하게 된다. 남자였던 그가 '아빠'로 느껴지고, 행동을 기대하게 됨과 더불어 여자였던 그녀가 '엄마'로 느껴지고 받아들여지게 된다.

유아기 자녀의 부모기 : "훈육형성기"

유아기는 취학 전 시기의 자녀를 돌보는 부모들의 단계로서 일반적으로 3세에서 5세 사이를 지칭한다. 이 시기에 부모들은 아이가 커감에 따라 권리와 규칙을 세우고 실행하게 된다. 자녀와의 의사소통 방법을 고민하게 되기도 하고, 일관성 있는 육아를 위해 부부 간의 소통이 필요하기도 하다. 또한 부모는 이 시기 하나님-자녀-부모 간의 관계를 적절하게 맺어가도록 노력해야 하며, 자녀의 신앙교육을 위한 바람직한 방법을 모색하기도 한다. 이러한 과정에서 부모 자신 또한 하나님 앞에서 성숙할 수 있는 계기가 되는 시기이기도 하다.

유아기 자녀의 부모는 훈육의 방법에 대한 부부간 일관성이 중요하다. 유아교육에 대한 관점을 세우고, 함께 교육의 방법을 찾아나갈 필요가 있다. 특히 영유아의 성장과 발달에 대한 이해와 관점, 영유아의 구체적 교육 방법 및 훈육의 방안, 자녀와의 미래 설계 등에 있어서 구체적 부모의 역할을 정립하고 적절한 역할 분담이나 설정이 필요한 때이기도 하다.

학령기 자녀의 시기 : "설명기"

학령기 자녀를 둔 부모는 학업과 성장의 걸음을 걸어가는 자녀를 양육하고 교육하는 역할을 해야 한다. 갤린스키(Galinsky, 1987)는 이 시기를 취학에서 사춘기까지 설명하는 단계라고 명명하고 있다. 이 시기는 자녀에게 설명과 가르침을 주고자 하는 시기이다. 따라서 자녀의 질문에 자신의 견해를 명확하게 정리하여 적절한 방법으로 전달할 필요를 느끼게 되는 시기이다. 특히 자녀가 자아개념이나 자아정체성을 형성하는 시기이므로 꾸준한 대화가 필요하다. 대화의 창구가 열려 있는 부모와 자녀의 관계는 사춘기가 오더라도 서로 간의 이해의 폭을 넓혀갈 수 있다.

부모는 하나님, 인간, 자연의 여러 가지 현상이나 구체적 경험에 대한 이야기를 나누게 된다. 때로는 신앙에 대한 질문이나 삶의 문제를 함께 풀어가야 할 때도 있다. 인간은 자신의 존재를 부모나 타인을 통해 확인받고 싶어 한다. 그렇기 때문에 영유아기에는 부모를 귀찮게 따라다니며, 이것저것 요구할 수 있다. 그런데 만약 부모가 자녀를 바라봐주지 않는다면 자신을 바라보는 또 다른 대상을 찾게 된다. 부모나 또래에게서 소통과 인정을 찾지 못한다면 제3의 대상인 게임이나 스마트기기와 같은 세계에서 자신의 존재성을 찾으려할 수도 있다. 만약 게임이나 스마트기기 속 가상의 현실에서 소통을 찾기 시작하면 정작 부모가 대화를 요구할 시기에 자녀는 더 이상 부모를 필요로 하지 않게 된다. 학령기 자녀를 둔 부모는 늦기 전에 자녀가 하나님과 소통하고, 부모와 소통하는 길을 열어주어야 한다.

청년기 자녀의 부모기 : "상호관계기"

청년기 자녀를 둔 부모는 새로운 혼란과 갈등을 경험하게 된다. 자녀는 성숙했다고 여기고 부모는 여전히 자신의 방식으로 문제를 해결하도록 가르치고자 할 때 갈등이 생겨나게 된다. 그리고 이성에 대한 관심, 또래와의 갈등, 우정에 대한 관심, 결혼과 이성 교제 등이 부모가 가지는 상식으로 합당하게 이해되지 않을 때 갈등과 혼란이 생겨난다.

반면에 부모는 자녀와의 새로운 관계를 형성하게 되기도 한다. 이 관계의 특성은 일방적으로 부모가 자녀에게 영향을 끼치는 관계가 아니라 자녀에게 도움을 받기도 하고, 서로가 상호의존적 상호작용을 하게 된다. 이 때 신앙적 측면에서 부모는 성경적 해석과 이해, 신앙생활과 실천을 아이 스스로 발견해 나가도록 도와주는 역할을 해야 한다. 또한 청년으로서 자신의 직업을 선택하고, 이성을 만나고, 결혼과 가정을 세우는 관점을 스스로 세워갈 수 있도록 토론과 경험의 장을 열어갈 수 있다. 그리고 청년으로서의 자녀의 장점과 독립을 응원하고, 때로는 도움을 기꺼이 받는 순간에 익숙해져야 할 때도 있다.

성인기 자녀의 시기 : "떠나보내는 시기"

이제 자녀를 떠나보내어야 하는 시기가 온다. 이 때 부모는 다시 새로운 발달과업을 안고 있다. 창세기 2장 24에서 "이러므로 남자가 부모를 떠나…"라고 하였다. 이 시기가 되면 심리적이든 물리적이든 분리를 경험하게 되며, 이를 받아들여야 한다. 이 시기는 자녀가 독립된 존재로 인정하고 존중하며 분리되는 과정을 겪어야 한다. 부모로서 관계의 재정리가 필요하고, 때때로 새로운 관계가 만들어지기도 한다. 부모는 성경적으로 하나님 앞에서의 자녀의 개별성을 다시금 확인하게 된다. 그리고 또 다른 가정을 세우는 길을 응원하고 격려해야 한다. 이 과정에서 부모로서의 자신의 성취나 실패를 검토하게도 되고, 인간으로서의 자신을 재평가하기도 한다.

다섯

태교와 출산을 준비하며

1.
임신을 맞이해요

임신이란 수정란이 자궁에 착상된 때부터 자궁 밖으로 나올 때까지의 상태를 말하는 것으로 체내에 발육하고 있는 태아가 있는 상태를 말한다. 이러한 임신은 하나님이 주신 축복이자 한 여인에게는 성장의 과정이라고도 볼 수 있다. 한 여자와 남자가 어떻게 자녀를 잉태하고, 태교와 출산을 거치게 되는가를 살펴보고, 준비하는 과정은 부모가 되는 본격적인 첫 출발점이다.

자녀 계획 : "가임기간은 언제일까요?"

가정이 미래를 설계하는 과정에서 자녀 계획은 핵심적 쟁점이 될 수 있다. 그렇다면 자녀 계획은 어떻게 세워가야 하는가? 자녀 계획에 앞서서 한 가정을 세우고, 미래를 설계함에 있어서 어떻게 가족 계획을 세울 것인가 하는 문제 앞에서 기도가 선행되어야 한다. 기도로 준비하고 부모가 될 밑그림을 그리는 과정이 자녀 계획이다. 그리고 자녀는 몇 명 정도, 어떻게 낳고, 양육은 어떻게 해나갈 것인가에 대한 토의와 나눔이 필요하다. 이 과정에서 부부는 서로 간의 생각을 충분히 나누고 설계해나가는 시간을 가져야 한다.

임신을 계획한다면 이제 구체적 실천으로 이어져야 한다. 먼저 부부의 건강을 확인하고 이에 따른 가임기간을 살펴볼 수 있다. 자녀 계획이 세워지면 가임기간에 대한 지식이 필요하다. 가임기간은 일반적으로 배란일을 기준으로 임신이 가능한 기간을 계산하게 된다. 배란일 계산으로 가임기간을 추정할 수도 있지만 배란이 되는 시기에는 배가 아프거나 뒤틀리는 듯한 배란 통증을 느끼기도 한다. 배란은 여성이 성숙한 난자를 약28일 주기로 좌우 난소에서 번갈아 1개씩 배출하는 현상을 말한다. 이렇게 배출된 난자는 나팔관을 통해 자궁으로 이동하는 과정에서 정자와 결합하여 임신을 하게 된다.

또한 임신을 유지하기 위해서는 프로게스테론(progesterone)이 분비되어 기초 체온이 상승하는 현상이 나타나게 된다. 그래서 배란 전에는 체온이 저온기에 있다가 배란 후에는 고온기를 맞게 되는데 임신이 되었을 때는 기초체온이 계속 높은 상태가 유지되나, 임신이 되지 않으면 기초체온이 다시 내려가게 된다. 이러한 여성의 기초 체온 패턴으로 임신 여부를 체크할 수도 있다.

가임기간을 알아볼까요?

여성의 임신가능기간은 생리가 끝나고 다음 생리 예정일의 대략 14일 전이다. 임신가능기간은 배란일에 임신확률이 최고치가 되는데 원칙적으로는 배란일 이후 3일간을 가임기간으로 보지만 실제적으로 배란일 앞뒤로 3~5일 정도를 임신가능기간으로 포함시켜 계산하면 된다. 만약 생리 예정일이 29일이라고 가정하자. 다음 생리 시작일 14일 전인 15일이 배란이라고 볼 수 있다. 따라서 가임기간은 10일에서 18일로 계산될 수 있다. 물론 이는 가임가능성이 높은 시기라는 의미이지만 실제로 생리기간을 제외한 기간은 항상 임신의 가능성이 있다고 고려하여야 한다.

생리예정일 - 14일 = 배란일
(생리예정일-19일)~(생리예정일-11일) = 가임기간

SUN	MON	TUE	WED	THU	FRI	SAT
1 생리 시작	2	3	4	5	6	7
8	9	10	11	12	13	14
15 배란일	16	17	18	19	20	21
22	23	24	25	26	27	28
29 다음 생리 예정일	30	31				

태아 발달 : "내 몸이 달라졌어요"

"여보, 우리 아가가 생겼어", "우리에게 하나님이 새 생명을 허락하셨어" 한 생명이 부모에게서 듣는 자신에 관한 첫 대화이다. 임신의 소식이 가정과 개인에게 기쁨과 감사함으로 시작되길 바란다.

임신의 첫 신호는 여러 가지가 있을 수 있지만 일반적 현상으로 월경을 하지 않게 된다. 또한 기초체온이 상승하거나 유두가 민감해지거나 아픈 증세가 나타나기도 한다. 때로는 감기와 같은 증상이 나타나기도 하고 피곤하며 소변이 자주 마렵고 아랫배가 아플 수도 있다.

이럴 때는 임신 테스트기를 구입해서 확인할 수 있지만 정확한 것을 알기 위해서는 병원을 방문하게 된다. 이렇게 해서 시작된 임신은 개별마다 다른 증상을 가지면서 임신의 변화를 느끼게 된다.

태아의 발달과 산모의 변화	
1개월	• 수정 후 23일 정도가 지나면 심장이 될 혈관 수축으로 박동이 시작됨 • 뇌, 콩팥, 간장, 소화기관의 초기 형태를 갖춤 • 임신을 확인해 나가는 시기임
2개월	• 축소된 아기의 형태를 보임 • 손과 손가락, 무릎이나 발가락이 생김 • 입덧이 나타날 수 있음
3개월	• 위, 장, 심장이 생겨나게 됨 • 태아의 얼굴 윤곽이 잡혀가게 됨 • 미약하던 입덧이 심해질 수 있음
4개월	• 산모가 태동을 느끼기 시작할 수 있음 • 얼굴 모습도 거의 갖추고, 성감별이 가능하게 되는 시기임 • 태아의 성장과 안정에 대한 감사 제목이 늘어나는 시기임
5개월	• 차거나 꿈틀거림이 확실히 느껴짐 • 유선이 발달하고 산모의 체형의 변화가 확연하게 나타남 • 소리에도 반응을 시작하기 때문에 태담 태교가 필요함
6개월	• 피하지방이 쌓이고 눈을 감고 뜨는 것이 가능해짐 • 울거나 손을 쥐는 행동, 손가락을 빠는 행동이 나타남 • 태아도 엄마의 감정이나 생각을 느낄 수 있으므로 긍정적 태도가 필요함
7개월	• 반사행동이 뚜렷하게 나타남 • 밤과 낮이 구분되기 때문에 산모의 규칙적 생활이 중요함 • 내장기관이 발달하게 되고, 때로는 배 마사지를 통해 교감을 가질 필요가 있음
8개월	• 몸무게와 태아의 크기가 커지기 때문에 이제 움직임이 줄어들게 됨 • 일반적으로 머리를 아래로 하고 자리를 잡게 됨 • 배가 불러오면서 임신선, 정맥류, 요통, 치질 등이 생길 수 있음 • 염분 수치를 줄이고, 고단백과 저열량의 식사를 권하게 됨

9~10 개월	• 심장의 속도가 빨라지고 노폐물 배출이 많아지게 됨 • 피부의 붉은색이 흐려지고 청각, 후각, 촉각 등의 발달로 감각기능 전 영역에 걸쳐 반사능력을 갖게 됨 • 산모는 소변을 자주 하게 되며, 임신중독증에 유의하고, 체중이 너무 늘지 않도록 출산 준비를 해야 함

2.
부부가 함께 태교를 해요

임신을 한 예비부모는 태교를 시작해야 한다. 전통적으로 태교는 임신 중에 부모가 마음가짐과 언행을 삼가 태아에게 정서적으로나 신체적으로 좋은 영향을 주고자 하는 태중교육(胎中敎育)이라고 볼 수 있다. 우리나라 전통사회에서도 「열녀전」, 「태교신기」, 「동의보감」 등에서 태교의 중요성이나 실천 방법에 대한 내용이 담겨있다.

> "임부가 술을 마시는 것과 술을 타서 조제한 약을 꺼려야 하나니, 술이란
> 백 가지 맥을 흩어 모든 병을 이루는 것이기 때문에 "(동의보감(東醫寶鑑)
> 중에서)

> "바르지 않은 자리에 앉지 말며, 눈으로 옳지 않은 빛을 보지 말며, 귀로
> 는 바르지 못한 소리를 듣지 말며…"(열녀전(列女傳) 중에서)

하나님이 생명의 주관자이시며, 잉태와 출산에 이르는 태중교육은 성경에서도 나타난다. 모태에서 한 아이를 만드시고, 그 모든 것을 지으시고, 그 임신과 출산의 주관자가 하나님이신 것과 그 생명을 위해 어떻게 하여야 하는가에 대한 말씀은 태중교육의 필요성을 알게 한다. 태교는 태중에 품은 생명이 하나님이 지으셨음을 인정하는 것에서 출발하여 성령충만을 통해 복중의 아이가 하나님을 기뻐하고 축복받을 수 있도록 하는 일련의 과정이 되어야 한다.

"이제 임신하여 아들을 낳으리니 그러므로 너는 삼가 포도주와 독주를 마시지 말며 어떤 부정한 것도 먹지 말지니라"(삿 13:3)

"주께서 내 내장을 지으시며 나의 모태에서 나를 만드셨나이다 내가 주께 감사하옴은 나를 지으심이 심히 기묘하심이라…"(시 139:13-14)

"내 형질이 이루어지기 전에 주의 눈이 보셨으며…"(시 139:16)

"섬들아 내게 들으라 먼 곳 백성들아 귀를 기울이라 여호와께서 태에서부터 나를 부르셨고 내 어머니의 복중에서부터 내 이름을 기억하셨으며"(사 49:1)

"보라 네 문안하는 소리가 내 귀에 들릴 때에 아이가 내 복중에서 기쁨으로 뛰놀았도다"(눅 1:44)

이러한 태교는 아버지의 태교를 일컫는 부성태교와 어머니의 태교를 일컫는 모성태교가 있다. 태교는 이러한 부성태교와 모성태교를 포함하여 이루어져야 한다.

부성태교 : "아빠가 될거에요"

유안진(1992)은 우리나라에서는 옛 전통사회에서부터 아버지가 될 남성은 친인척을 통해 생리철학이나 성교육을 포함한 합방 계획, 분성태교 등을 받게 하였음을 조사한 바 있다. 이것은 어머니의 태교뿐 아니라 아버지의 태교가 중요한 태교의 영역임을 확인할 수 있다.

사사기 13장에서는 마노아가 아내의 임신을 알고 여호와의 사자에게 "이제 당신의 말씀대로 되기를 원하나이다. 이 아이를 어떻게 기르며 우리가 그에게 어떻게 행하리이까"라고 묻는다. 그리고 여호와께 번제와 소제를 드리는 모습을 볼 수 있다. 아비가 자녀의 잉태를 알고 앞으로의 교육과 그 자녀를 향한 하나님의 뜻을 찾고자 하는 것은 부성태교에서 시작될 수 있다.

아버지가 되기 위해서는 앞선 세대의 아버지로부터 영향을 받게 된다. 정보를 듣고, 공유하고, 적절한 태교의 방법을 찾아가게 된다. 그러나 현대의 가족 구조는 이러한 태교의 전수가 이루어지기 힘든 구조이기 때문에 부성교육이 사회나 교회의 차원에서 이루어질 필요가 있다. 부성태교는 다양한 방법을 포함하여 이루어질 수 있다.

예비아빠는 어떻게 태교를 할까요?	
의식주 및 자기 관리	• 음주나 흡연을 삼가고 자신의 몸을 관리한다. • 좋은 생각과 적절한 관심으로 마음을 돌본다. • 긍정적 사고와 바람직한 사회적 관계를 맺는다. • 자신의 신앙을 바로 세우고, 경건의 자기 관리를 한다.
태아 교감	• 예비 아버지는 매일 아내의 배에 손을 얹고 아내와 자녀를 축복하라 • 예비 아버지는 아내의 배에 손을 얹고 기도로 태담을 나누자 • 아내의 배가 불러오면 배에 오일을 바르거나 마사지를 해 주면서 태아와 기도로 태담을 나누자 • 특별히 성경동화를 선택해서 아내와 태아에게 직접 읽어주자 • 태교음악이나 찬양을 선정해서 들려주자
부부 협력	• 아내 앞에서 인스턴트 음식을 자제하자 • 아내의 의복이나 먹을거리를 살펴주자 • 아내의 가사일을 돕자 • 아내와 함께 출산과 육아에 대해 살펴보고, 연습하자

모성태교 : "엄마가 될거에요"

모성 태교는 태아에게 직접적 영향을 준다. 그렇기 때문에 임부는 몸, 마음 뿐 아니라 영적 상태를 포함한 태교가 있어야 한다. 태교신기(胎教新記) 중에서는 "임신부가 화를 내면 태아의 피가 병들고, 두려워하면 태아의 정신이 병들고, 근심하면 태아의 기가 병들고…"라고 태교의 중요성을 언급하고 있다. 이렇듯 모성태교는 먹고 자는 의식주의 문제에서부터 정신과 영혼의 돌봄을 포함해야 한다.

누가복음 1장 44절에서 엘리사벳이 성령의 충만함을 받았을 때 태중의 요한이 잉태한 마리아의 문안소리를 듣고 기쁨으로 뛰놀았다고 하였다. 태아가 하나님을 만날 수 있는 것은 임산부가 성령 충만한 상태에 있을 때이다. 성령 충만을 받아 하나님 안에서 기뻐하고 감사하는 삶이 있어야 한다. 또한 이러한 태교는 임신 이전부터 자신의 몸과 마음을 최적의 상태로 돌보는 과정에서 출발해야 한다. 그리고 임신과 더불어 자신의 먹을거리, 입을거리를 가리며 아이를 생각하는 의식주 생활을 해야 한다. 이것은 태아를 위한 실천이기도 하지만 예비엄마가 부모됨으로 나아가는 준비 걸음이 될 수 있다.

예비엄마는 어떻게 태교를 할까요?	
의식주 및 자기 관리	• 음주나 흡연은 태아에게 직접적 영향을 주기 때문에 삼가고, 건강한 먹을거리를 가려서 먹자 • 인스턴트를 삼가고, 좋은 재료의 먹을거리를 준비하자 • 편안한 옷과 신발로 태아를 생각하자 • 자연과 가까이 하고, 마음을 돌보자 • 산책이나 운동을 적절하게 하자 • 긍정적 생각을 하며, 항상 기뻐하자 • 매일 묵상과 기도로 성령 충만함을 입자
태아 교감	• 매일 자신의 배에 손을 얹고 자녀를 축복하라 • 자신의 배에 손을 얹고 기도로 태담을 나누자 • 배에 오일을 바르거나 마사지를 해 주면서 태아와 대화하라 • 특별히 성경동화를 선택해서 소리내어 읽어보자 • 태교음악이나 찬양을 선정해서 듣거나 찬양을 부르자
부부 협력	• 남편과 함께 출산과 육아에 대해 이야기를 나누자 • 임신 중의 신체적 변화에 대해 부부가 서로 소통하자 • 가사일이나 출산 준비를 남편과 함께 하자 • 출산 및 육아의 방법을 부부가 함께 연습하자

3.
행복한 출산을 해요

출산이란 하나님의 창조 명령으로 창세기 1장 28절에는 "생육하고 번성하여 땅에 충만하라"라는 말씀과 연결된다. 아담과 하와의 불순종이 낳은 타락으로 인해 인간에게 노동과 출산의 고통이 더해졌다. 남자에게는 "네 평생에 수고하여야 그 소산을 먹으리라(창세기 3장 17절)"는 심판이 있었고, 여자에게는 "네게 임신하는 고통을 크게 더하리니 수고하고 자식을 낳을 것이며"라는 결과가 있었다.

고통 속에서 출산을 한다는 것은 우리에겐 또 하나의 축복의 순간이 될 수 있다. 교만한 인간이 생명을 잉태하고 낳는 순간에 고통 속에서 출산의 기쁨을 얻게 될 때 부모됨의 들숨과 날숨을 쉬는 기회를 얻게 된다. 고통 속에서 태중의 아이와 호흡을 맞추며 출산을 하는 순간은 인간의 한계 가운데 겸허해지고 감사함으로 자녀를 맞이할 준비를 하는 예식과도 같은 순간이다.

출산의 고통은 인간 개인에게는 고통이지만 부모됨의 훈련이다. 열 달

동안 자녀를 품은 산모는 그 동안 부모됨을 배우고, 출산을 통해 우리를 위해 아들을 내어주시고 우리를 자녀 삼아주신 하나님의 은혜와 사랑을 깨닫게 될 뿐 아니라 자녀의 소중함과 자녀를 양육하는 겸허한 자세를 깨우치게 된다.

출산 준비 : "우리 아가를 위해서 무얼 준비하지?"

출산일이 다가오면 기도로 출산을 준비하게 된다. 부모가 될 마음가짐도 중요하지만 구체적 준비과정도 필요하다. 출산용품과 더불어 출산 이후의 육아를 위한 육아용품을 준비하고, 산후조리 시기를 위한 일련의 준비를 해야 한다. 이 때 출산을 준비하는 과정은 부부가 같이 하여야 한다. 함께 출산준비물 목록을 정하고, 필요한 목록에 따라 준비물을 미리 장만하고, 출산과 신생아 돌보기에 대한 연습도 해 둘 필요도 있다.

또한 자연분만을 할 수 있도록 준비하고 애쓰는 과정도 필요하다. 하나님이 열어놓으신 자연스런 출산의 과정으로 아이를 낳는 것은 출산을 다시금 축복의 잔치로 되돌려 놓는 의식이 될 수 있다. 인공분만에 비해 자연분만이 가지는 의의와 장점에 대한 연구는 다각적으로 이루어져왔고, 이것은 자연적 출산에 담겨진 하나님의 생명 탄생의 섭리를 엿볼 수 있다. 인공분만은 분만유도제를 포함하여 제왕절개 등을 포함하는데 이러한 인공출산의 경우 탯줄이나 출산의 다양한 환경적 요인으로 인하여 태아에게 전달될 뿐 아니라 산모의 자궁 수축을 방해하고 감염 및 약물 부작용을 남길 수 있다는 우려의 목소리가 있다. 특별한 자연분만이 어려운 상태가 아니라면 자연분만으로 자녀를 낳도록 노력해보아야 한다. 이것은 하나님이 출산의 고통을 우리에게 주시는 의미를 되새길 기회가 될 것이다. 자녀에게 자연분만은 발달적으로 적절한 방법일 뿐 아니라 부모에게도 자연분만은 축복이고 부모가 되는 첫 통로가 될 수 있다.

출산을 위한 준비를 해 볼까요?

출산물을 부부가 함께 준비해요	• 배냇저고리, 신생아내의, 속·겉싸개, 팬티·산모용 패드, 수유용 브래지어·수유 패드, 타월·가제수건, 침구류, 기저귀, 포대기, 신생아가방, 모빌 등
출산과 신생아 돌봄을 함께 연습해요	• 신생아 목욕시키기 • 신생아 기저귀 갈기 • 유두 마사지 방법 연습하기
태어날 아가에게 편지를 써 보아요	• 기도문 작성하기 • 아가에게 편지 쓰기 • 부부의 역할 토의 및 다짐식 하기
집안 대청소를 해요	• 집안 전체 대청소하기 • 신생아 방 정리하고 꾸미기
산후조리 계획을 세워요	• 산모의 몸조리 장소 정하기 • 몸조리를 도울 수 있는 인적, 물적 환경 조성하기
수유 환경을 점검해요	• 수유를 위한 산모의 신체 변화 이해하기 • 모유수유의 필요성과 가치 이해하기 • 모유수유를 위한 마사지 익히기

분만의 과정 : "두렵지 않아요"

분만의 과정은 여성에게는 두렵기도 하고 기대가 되는 순간이기도 하다. 이 순간을 위해서는 부부가 그 시간과 과정을 함께 나눌 수 있기를 바란다. 출산의 순간에 아버지와 어머니가 함께 자녀를 맞이하고 그 과정에서의 두려움과 고통을 나눌 수 있다면 이는 그 가정에 있어서 가장 큰 축제가 될 것이다. '응애'라는 소리와 함께 탄생하는 새 생명을 통해 하나님의 사랑을 체험하고 그 창조의 신비에 감사할 수 있다.

분만은 어떠한 과정을 거치나요?

가진통	• 허리가 아프고 아랫배가 단단해지면서 약한 진통을 느낀다. • 진통 횟수가 불규칙적이고 자궁수축기간이 짧게 나타난다.
진통	• 처음엔 간헐적이고 약한 편이나 점차 규칙적으로 변화한다. • 강도가 강해지며 시간 간격이 짧아진다. • 진통 간격이 짧아지면서 5분 간격으로 일어나면 분만이 가까워진 것이다.
이슬	• 아기가 내려오면서 양막 일부가 떨어져 혈액과 섞인 분비물이 나온다. • 개인에 따라 다양하며, 나타나지 않는 경우도 있다.
파수	• 자궁 문이 열리고 양막이 파열되어 양수가 나오는 것이다. • 양수는 맑은 물처럼 보이는 액체이며, 많은 양의 파수도 있지만 조금씩 새어나오는 경우도 있다.
개구기	• 분만을 알리는 통증을 느끼는 단계이다. • 초산일 경우 평균 12~24시간의 진통을 느낀다. • 자궁수축은 자궁경부로 아기의 머리가 통과할 수 있을 만큼(10~12cm) 넓혀 주게 된다.
출산기	• 아기의 몸이 임신부의 질을 통하여 나오는 단계이다. • 아기 머리가 자궁경부와 질을 거쳐 나오는 시간은 보통 1시간 반 정도이다. • 산모는 복근에 힘을 주어 아기가 나오도록 돕는다.
후산기	• 탯줄과 태반이 나오는 단계로서 출산후 자궁이 수축되며 태반이 자궁 벽에서 떨어져 나오게 된다. • 태반의 일부가 남아 있는지, 산도에 상처가 없는지를 체크하여야 한다. • 보통10~30분 정도 소요된다. • 탯줄과 태반이 임신부의 몸 밖으로 모두 나오고 소독된 가위로 아기의 배꼽과 분리시키면 분만이 완성된다.

4.
모유 수유를 해요

출산 이후 신생아에게 수유를 하게 된다. 자식을 돌보는 기본은 젖을 물리는 것이다. 이사야 49장 15절에는 "여인이 어찌 그 젖 먹는 자식을 잊겠으며 자기 태어서 난 아들을 긍휼히 여기지 않겠느냐…"라고 하였다. 어머니가 모유로 자식을 돌보는 것은 가장 근본 중에 근본이라고 볼 수 있다. 그러나 최근에 와서 인공출산에 이어 인공수유로 자녀를 키우는 풍토가 늘어가고 있다. 물론 모유 수유가 힘든 경우 인공 수유는 필요한 방법이지만 모유 수유가 가지는 진정한 의미를 알고 모유 수유를 위해 노력하는 애씀이 필요하다. 모유수유가 가지는 진정한 의미는 무엇인가?

자녀와의 관계 : "모유 수유로 엄마다움을 발견해요"

모유 수유는 자녀 뿐 아니라 모성에게도 큰 의미를 갖는다. 아직 한 아이의 부모라는 것이 낯선 한 여인이 젖을 먹여 키우는 삶의 과정에서 부모됨을 깨달아가게 된다. 누가 가르쳐주지 않아도 태어나서 젖을 물고 빠는 아가를 바라보는 순간에 자신이 부모가 되었으며, 이 아이를 보호하고 양육해야 함을 온몸으로 느끼게 된다.

물론 모유 수유는 산모의 건강에도 유익이 됨은 밝혀져 온 바다. 모유수유는 인공수유에 비해 모성이 수유를 할 수 있는 수월성을 제공해 줄 뿐 아니라 모성의 건강 회복에 도움이 된다. 그러나 이러한 건강의 회복 뿐 아니라 모유 수유는 엄마다움을 찾는 지름길이기도 하다. 이러한 수유는 수월하지만은 않다. 한 번도 흐르지 않던 젖줄이 흐르기 위해서는 어머니와 자식이 함께 빨고 빨리는 과정이 필요하다. 일반적으로 출산 후 30분에서 1시간 이내에 산모가 젖을 물려야 모유수유를 하기가 한결 수월해진다고 알려져 있다. 쉽게 포기해서는 안 되는 모유수유의 축복을 누리기 위한 부모의 준비가 필요하다.

모유 수유는 아가와 엄마를 연결한다.

모유수유를 하는 사람이라면 한 번쯤 경험해보는 일이 있다. 자녀를 두고 어딘가에 갔을 때 젖이 불어서 애를 먹는다. 젖이 불어 있을 때 아이가 젖을 물면 시원한 평안을 느끼게 된다. 아가와 엄마가 떨어져 있지 않도록 모유는 아가와 엄마를 연결한다. 하나님이 어머니가 자식과 떨어져 지내지 않도록 장치를 해 두신 것은 아닐까? 분유 수유를 하는 어머니는 자녀와 떨어져 있거나 거리감을 두더라도 그것을 온 몸으로 느끼거나 반응하지 않는다. 그러나 모유 수유를 하는 어머니에게는 머리끝에서 발끝까지 젖을 물리는 자녀와 얼마나 어느 정도 떨어져 있는지를 감각적으로 느끼며 산다. 마치 자녀와의 분리를 알리는 모래시계처럼 온 몸이 반응하게 되는 것이다. 모유 수유는 어머니와 자녀를 연결할 뿐 아니라 모성 건강에도 유익이 되는 가장 자연적 섭리를 가진 육아의 방법이다. 다음은 '대한모유수유의사회(www.bfmed.co.kr)'에서 제시하는 모유수유의 장점들을 살펴보면 다음과 같다.

- **호르몬 변화로 모성 건강 회복이 빨라져요.**
 "하나님은 출산을 하면 당연히 모유를 먹이도록 사람을 창조하셨어요. 그래서 산후 회복의 중요 과정이 모유 수유와 연결되어 있답니다."
- **모유 수유를 하면 출산 후 출혈이 빨리 줄어들어요.**
 "아가가 젖을 빨면 옥시토신이라는 호르몬 분비로 자궁 수축을 돕는 역할을 하게 된답니다."
- **모유 수유는 모성의 뼈도 더 튼튼하게 해주어요.**
 "폐경 후 골다공증과 골반 뼈 부러짐이 적어지고 난소암이나 유방암도 적게 걸린다는 보고가 있답니다."
- **모유 수유는 모성의 체중 조절에 도움이 되어요.**
 "임신 중 몸에 저장된 지방을 활용하여 젖을 만들기 때문에 몸무게가 빨리 줄어들게 된답니다."
- **모유 수유는 익숙해지면 수월한 수유 방법이에요.**
 "언제든 일정한 온도로 줄 수 있고, 우유병을 소독할 필요도 없고, 남은 우유를 버려야 할 필요도 없는 편리한 수유 생활이 될 수 있답니다."
- **더 빨리 자녀와 긍정적 관계를 맺고 엄마다움을 갖추게 해주어요.**
 "아가를 안고 젖을 먹이면 사랑의 호르몬인 옥시토신과 프로락틴이 왕성하게 분비되어 모성애가 자연스럽게 생겨나게 된답니다."

건강 : "모유 수유로 모두 건강하게"

아이가 엄마의 젖을 먹고 자라는 것은 창조의 이치다. 모성이 아이를 출산하면 몸은 아이를 먹여 살리기 위해 젖이 돌기 시작한다. 가장 선하고 좋은 것으로, 초유라는 이름으로, 엄마의 몸은 아가를 위해 먹을거리를 내놓는다. 이것이 모유가 가지는 의미이다.

모유 수유는 아이의 건강을 위해서 가장 최고의 선택일 수 있다. 초유가 가지는 영양적 가치는 이미 알려진 바이다. 창세기 21장 8절에는 "아이가 자라매 젖을 떼고 이삭이 젖을 떼는 날에 아브라함이 큰 잔치를 베풀었더라"라고 하였다. 젖을 먹고 자라는 과정은 한 아이의 성장과 성숙에 있어서 중요한 과정이며 가정이 함께 기뻐하고 돌보아야 할 일이다. 물론 모성의 건강이나 체형적 문제로 분유 수유를 해야 하는 경우도 있을 수 있다. 그러나 건강한 자녀를 위해 모유 수유가 부모됨의 제1의 실천임이 분명하다.

모유 수유는 언제까지 해야 하나요?

세계보건기구(WHO)나 유니세프(UNICEF)는 출생부터 6개월까지는 모유만 먹고, 생후 2년이 될 때까지 이유식을 병행하면서 모유 수유를 할 것을 권장하고 있다. 미국소아과학회도 모유 수유 권장 기간을 2년으로 늘렸다. 모유는 아기를 위해 준비된 최고의 창조 원리이다. 젖을 오래 먹일수록 아기에게 미치는 이점이 크기 때문에 모유 수유는 할 수 있다면 최대한으로 하는 것이 좋다. 직장맘인 경우에도 휴대가 간편한 모유 유축기와 모유 냉장가방 등을 이용해서 모유 수유를 포기하지 않을 수 있다. 이러한 것은 수고로움이 아니라 내 아가를 위한 사랑의 실천이다. 다음은 '대한모유수유의사회(www.bfmed.co.kr)'에서 제시하는 자녀에게 미치는 모유 수유 장점들이다.

- 감염에 대한 면역이 높아져요.
  "분유 수유를 한 아이가 초유를 먹고 모유수유를 한 아이들보다 감염병에 더 잘 걸릴 수 있다는 연구결과들이 보고되고 있답니다.
- 알레르기 예방에 도움이 되어요.
  "모유 수유에 비해 분유 수유는 아토피 피부염 및 천식에 더 많이 걸릴 수 있답니다.
- 과체중과 비만 예방에 도움이 될 수 있어요.
  "모유를 먹인 아이가 분유를 먹인 아이보다 과체중 및 비만이 적게 생긴다는 보고가 있답니다.
- 여러 가지 질병 예방에 도움이 되어요.
  "림프종, 백혈병, 고지혈증, 유아돌연사, 당뇨 등의 질병도 모유 수유보다 분유 수유의 경우 더 많이 걸린다는 보고가 있답니다.
- 모유 수유는 아이의 정서에도 도움을 줍니다.
  "엄마와 평생의 끈끈한 애정과 동지 의식을 가지게 되면서 정서적 안정을 얻게 됩니다.

발달과 교육 : "모유수유는 최초의 영유아교육!"

　모유수유는 최초의 영유아교육이다. 영양, 건강의 측면뿐 아니라 아이가 세상에서 처음으로 대상을 인지하고, 느끼고, 관계하는 법을 알아가는 최초의 영유아교육이다. 처음으로 아이가 신뢰할 수 있는 어머니라는 한 사람과 상호작용을 하게 된다. 아이의 어떤 행동에 어머니가 반응하고, 그 반응을 통해 새로운 행동을 만들어가는 과정이 모유 수유의 시간이 될 수 있다.

　젖을 무는 시간에 엄마의 미소와 부드러운 스킨십, 젖을 무는 방법과 시간에 대한 조절과 통제, 오감각을 동원한 대상과의 만남은 분명 교육의 시작이다. 따라서 모유수유는 단순히 아이와 산모의 건강을 위한 좋은 선택거리가 아니라 이 땅의 아이들이 생명을 존중하고 그 안에서 자생하고 공생할 수 있는 첫 교육이 되는 필수 요소인 것이다.

모유 수유는 첫 영유아교육이다

모유수유란 아이에게 생명의 젖줄을 이어주는 것이자 엄마와의 만남과 소통이다. 어머니의 젖은 살아있는 생명이다. 젖을 물리고 아이를 키우다 보면 때때로 젖을 깨무는 경우가 있다. 이 때 어머니는 순간적으로 '아야'라고 소리를 낼 수 있을 것이다. 그러면 아이는 순간 멈칫한다. 어머니의 목소리, 젖의 근육, 어머니의 행동과 몸짓이 그대로 아이에게 전해진다. 때로는 그런 엄마의 반응이 재미있어서 다시 깨무는 행동을 반복한다고 하더라도 타인이 싫어하는 것과 좋아하는 것을 감각으로 느끼며 배운다. 때로는 욕구를 발산하기도 하지만 때로는 참고 절제하며 살아가는 법을 배운다.

그러나 인공 젖꼭지는 아무리 씹어도 대답이 없다. 반응이 없다. 아이는 물고 씹으면서 욕구를 충족하고 발산한다. 그러나 씹어서 너덜너덜해져도 반응 없는 인공 젖꼭지와는 대물관계의 욕구 발산만 있을 뿐이다. 그러나 모유 수유를 하게 되면 대인적 관계 속에서 자신의 행동의 결과를 경험하게 되고, 조절하는 배움이 있게 된다. 인공 젖꼭지에 의존한 '대물관계'가 아니라 어머니의 젖과의 '대인관계'를 통해 생명의 소중함을 알고, 대상과의 조절적 관계를 할 수 있도록 모유 수유를 실천해보길 바란다.

• 모유 수유는 두 돌까지 먹이는 것이 좋습니다.

"많은 엄마들은 젖 떼는 시기에 대해 혼란을 가지고 있습니다. 영양분이 있는 6개월 정도 이면 충분하다는 생각과 아닐 것이라는 생각들 사이에서 혼란스러워합니다. 세계보건기구나 유니세프 등은 적어도 두 돌까지 모유를 먹이기를 권장하고 있습니다."

• 모유 수유는 자녀의 건강과 교육을 돕습니다.

"모유 수유는 서서히 끊는 것이 좋습니다. 젖을 먹는 것은 정신적, 신체적 건강과 연결되어 있기 때문에 충분한 여유를 가지는 것을 권하고 있습니다. 젖먹는 것보다 더 흥미를 끄는 것들이 많아질 때 자연스럽게 끊을 수 있도록 도와야 합니다."

• 모유 수유는 자녀와 부모에게 유익이 되는 돌봄의 기본입니다.

"모유 수유는 부모와 자녀의 관계에 긍정적 영향을 줄 뿐 아니라 양육태도에도 유익이 됩니다. 모유 수유는 부모와 자녀 간의 돌봄의 관계에 배움을 주는 과정이 되기도 한답니다."

여섯

육아라는 현실에서

1.
육아가 무엇인가요?

자녀에게서 처음으로 '아빠'나 '엄마'라는 소리를 듣게 될 때 말로 표현할 수 없는 기쁨과 함께 부담을 느끼게 된다. 그러나 출산과 더불어 부모는 육아라는 현실을 만나게 된다. 육아, 그 의미를 살펴보자.

부모의 성장 : "육아는 부모를 키운다"

급진적 여성해방론자인 화이어스톤(Firestone)은 여성이 자녀를 잉태하고 출산하는 일이 없어지지 않는다면, 여성의 생물학적 생식력에 근거한 학대가 지속될 수밖에 없으며 가정은 결코 완전히 해방된 세력이 될 수 없다고 하였다. 그래서 여성의 임신 상태를 없애고 모자간 애착이 없어져야 여성의 완전한 해방이 있을 수 있음을 주장한 바 있다. 그녀는 이러한 문제를 해결하기 위해 '인공지능적 사회주의'를 주장하면서, 아이는 인공적으로 생산되고 출생 직후 각 가정에 고루 분담시켜서 아동이 선택하는 성인 공동체가 부모됨을 대체해야 한다고 하였다. 이러한 주장이 존재한다는 것 자체가 무섭고 경악스럽지 아니한가?

이러한 주장의 기저에는 여성이 아이를 임신하는 순간 강한 애착과 연결이 만들어진다는 것이고, 출산의 과정을 거치면서 평등 이상의 특별한 관계성이 생겨버린다는 것이다. 그런데 이러한 관계성이 사실 가장 아름답고 귀중한 생명의 질서가 아닌가? 잉태와 출산의 고통은 죄의 본성을 가진 한 인간이 내가 아닌 다른 생명을 사랑하고, 품게 되는 훈련이다. 왜냐면 그 과정에서 어떠한 것으로도 대치할 수 없는 자녀를 향한 애착을 형성하게 되기 때문이다.

잉태와 출산은 자녀를 키우는 육아의 시작점이다. 아직 부모로서 미완성인 한 남성과 여성이 잉태와 출산의 과정을 거치면서 자녀에 대해 생각하고, 느끼고, 참고, 기대하고, 준비하게 된다. 그래서 이제 육아를 시작할 수 있는 성장으로 한 걸음 더 나아간다. 이제 육아의 길에 발을 내디딜 수 있는 준비를 하는 것이다.

부모는 처음부터 부모다움을 완전히 갖추고 있지 않다. 단지 임신, 출산, 육아의 과정을 거쳐 부모로서 성장과 성숙해나가게 된다. 아이가 자람과 더불어 부모도 자란다. 어린 아이를 기른다는 육아의 또다른 이름은 부모의 성장이다.

결실과 기쁨 : "육아를 통해 기쁨을 만난다"

육아는 한 가정의 결실의 산물이다. 하나님께서 태를 여시고, 임신과 출산을 거쳐 새생명이 태어나면 자연스럽게 육아라는 과제가 주어진다. 가정에서 잉태와 출산, 그리고 부모가 된다는 사실은 기쁨이다. 왜냐면 하나님이 태를 여셨고, 부모라는 생명 돌봄의 권한과 의무를 동시에 주신 것이기 때문이다.

잉태를 하고, 출산을 하는 과정에서 남자와 여자로서의 정체성을 느끼게 한다. 성숙된 성(性)의 결과라는 측면에서 얻는 희열과 흥분을 가지게 되는데 이는 남성과 여성으로서의 완전성을 느끼고 이로 인한 기쁨과 만족이 있게 된다. 한 남자, 한 여자가 짝을 만나 가정을 이루고 그 가정 안에서 새로운 생명인 자녀를 얻는 것은 커다란 생산이 된다. 그런데 이 생산이야말로 한 인간이 심리적으로나 사회적으로 자신의 존재성을 확립하고 자존감을 형성하는 중요한 준거가 되기도 한다. 물론 개인마다 이러한 생산에 대한 본질적 인식이 다를 수는 있지만 말이다.

육아는 단지 수고하여 자녀를 키운다는 행위만이 아니라 그 속에서 하루가 다르게 커가는 자녀를 보는 기쁨과 결실이 있다. "네가 언제 이만큼 컸을까?"라며 놀라는 순간들을 직면하게 된다. 육아의 순간순간은 힘든 과정을 포함하기도 하고 실패감을 맛보기도 하지만 그 속에서 자라가는 자녀를 보며 결실과 기쁨을 맛보게 된다. 인간이 생을 살아가면서 가지는 결실 즉 생산의 욕구는 다양한 영역에서 표출된다. 어떤 이는 돈이 자신의 생산적 준거가 될 수도 있고, 어떤 이는 명예나 직업의 성취에서 생산의 욕구를 충족하기도 한다. 그러나 가정에서 자녀를 낳고 키운다는 것은 개인적으로 큰 결실이 된다.

에릭슨(Erikson, 1963)은 이런 자녀 출산 및 양육, 사회적이고 직업적 성취 등의 생산성을 제대로 이루어지지 않을 경우 침체성이 형성된다고 하였다. 그런데 이러한 생산성은 결과 지향적으로 향하는 자세에서 문제가 발생한다. 육아의 과정에서 자녀에게 미래의 성취적 과제 앞에서 오늘을 살도록 종용하게 된다. 이러한 결과 지향적 생산성에 대한 욕구는 결국 성취를 얻었다고 하더라도 자녀를 키우는 과정 속에서의 의미나 결실을 상실함으로써 침체나 절망으로 이어질 수 있음이다.

결실에 대한 과정 지향적 자세로 자녀와 부모의 관계가 정립되어 있다면, 육아의 과정 속에서 기쁨을 발견하게 된다. 평생 줄 수 있는 효도를 아가일 때 다한다는 우스갯소리가 있다. 이처럼 자녀는 그 존재만으로 행복과 만족을 느끼게 하는 축복임을 느끼게 되는 순간을 잊지 않고, 결과가 아니라 과정을 돌보는 육아를 해 나갈 때 진정한 기쁨과 생산을 낳게 된다.

전수 : "세대와 세대를 잇는 가교"

육아의 역할은 현재 세대와 다음 세대를 잇는 가교의 역할이다. 가정은 임신과 출산을 통해 사회가 존속하기 위한 기본적 기능을 하게 된다. 그런데 그 가정이 출산을 꺼려하고 있다. 저출생과 저출산의 문제는 사회적 최위기이자 최대의 과제가 되고 있다.

우리나라 60년대와 70년대에는 출산 억제 정책의 일환으로 '딸아들 구별 말고 둘만 낳아 잘 기르자'라는 표어와 포스터가 거리에 붙어 있었다. 이러한 흐름은 90년대에 가서 '둘도 많다. 한가정 한아이, 사랑가득 건강가득'이라는 출산 정책으로 이어졌다. 이제 우리는 국가 존속에 대한 위협을 느낄 정도로 인구 절벽을 말하고 있다.

가정은 본질적으로 세대와 세대를 잇는 '생육하고 번성하여 땅에 충만하라'는 창조적 질서 안에 있어야 함을 잊어서는 안 된다. 그러면 무엇이 문제인가? 덴마크나 유럽권에서는 저출산의 요인으로 잘못된 성교육을 지적하며, 성교육의 방향을 바꾸어가고 있다. 청소년 성교육이 피임이나 성병 예방과 같이 방어적 측면에 초점을 두게 되면, 청소년들은 임신과 출산을 일어나지 않도록 방어해야 할 현상으로 인식하게 된다. 그렇게 때문에 청소년의 성교육은 먼저 생명의 가치에 대한 의식, 잉태와 출산의 기대와 준비, 육아에 대한 가치로움에서 시작되어야 한다. 즉 아이를 갖고 키움에 대한 긍정적 가치와 태도로 성교육의 방향이 바뀌어야 한다는 것이다.

육아는 하나님이 인간에게 준 축복이자 아름다운 현상임을 직시할 때 궁극적으로 지금 나의 세대가 다음 세대로 이어지는 육아의 실천은 너무나 고귀한 행위라는 것을 몸소 느끼게 될 것이다. 부모나 양육자로서 육아의 행위를 한다는 것은 현재 세대와 다음 세대를 이어가는 시간적이고 공간적 차원의 연계라는 의미를 내포하고 있다. 부모는 이러한 가정의 울타리 안에서 하나님이 이 땅을 향한 뜻을 이루어가는 중요한 자리에 서 있게 된다.

2.
신앙으로 돌보고 키워가요

육아라는 말의 뜻은 어린아이를 기르는 것이다. 이 뜻 안에는 진자리 마른 자리 갈아 뉘는 일상이 있고, 키워서 자립까지 도와주는 삶이 담겨있다. 또한 하나님이 태의 문을 열어 출생하게 한 자녀를 신앙 안에서 키워가는 여정이 육아이다. 그렇다면 믿음 안에서 자녀를 기르기 위해서 어떻게 해야 할까?

축복 : "자녀를 축복하자"

내 아들아 가까이 와서 내게 입 맞추라 그가 가까이 가서 그에게 입 맞추니 아버지가 그의 옷의 향취를 맡고 그에게 축복하여(창세기 27:26-27)

부모는 자녀를 축복하고 그 자녀는 가정 안에서 축복받는 존재로 자라간다. 각 가정에서 우리에게 맡겨진 자녀는 소유가 아니라 존재 자체로 빛나는 하나님의 걸작품이다. 그 존재는 마땅히 축복을 먹고 자라야 할 존재임을 잊지 말아야 한다. 그러나 육아의 순간 앞에서 이 아이의 존재 자체의 귀함을 망각하기 쉽다.

그 어린 아이들을 안고 그들 위에 안수하시고 축복하시니라(마가복음 10:16)

천하보다 귀한 존재로 각 가정에 맡겨주신 자녀는 그 객체로서의 존재성을 인정하고, 기도하고 축복하는 시간을 가져야 한다. 특히 자녀를 축복하는 아버지로서의 자리와 역할을 적절하게 세우고, 그 역할을 실천하는 노력이 필요하다. 밥을 먹을 때, 아플 때, 기쁠 때, 잠자리에 들 때 축복과 기도로 자녀를 품어야 한다.

자녀를 어떻게 축복할 수 있을까요?

• 일상에서의 축복
"아이가 기쁜 일이 있어서 좋아할 때, 힘든 일을 이겨내고 있을 때, 지쳐있을 때, 걱정하고 있을 때, 언제든 자녀를 축복하는 일상을 열어봅시다."

• 가정예배로 나아가는 축복
"가정에서 가정예배를 정해서 드리고, 그 가운데 자녀를 위한 축복의 시간을 가집시다. 처음 시작하는 가정예배는 영유아의 연령에 맞추어서 예배의 내용과 방법을 찾는 것도 중요합니다."

• 스킨십을 통한 축복
"축복은 입을 맞추고, 안아주고, 만져주는 구체적 접촉을 통해서 할 수도 있습니다. 특히 영유아는 스킨십을 통한 감각적 정보가 제공되는 축복의 시간을 가지는 것이 좋습니다. 감각의 통로를 통해 자녀를 축복할 수 있습니다."

"잠자리에 들기 전 베갯머리 축복기도는 중요합니다. 매일 자녀와 함께 잠자리에서 무릎을 꿇고 하나님께 기도하고, 축복하는 일상은 자녀를 하나님 앞에서 바로 세우는 기본이 됩니다."

말씀 : "예배와 성경 묵상의 시간을 갖자"

하나님은 영이시니 예배하는 자가 영과 진리로 예배할지니라(요한복음 4:24)

가정이 짐을 내려놓고, 쉼과 위로가 되기 위해서는 하나님의 돌봄과 위로하심이 있어야 한다. 그래서 가정예배나 가족 구성원이 함께 말씀을 읽거나 묵상하는 시간은 중요한 의미를 지닌다. 우리 인생의 목적은 궁극적으로 하나님의 영광이 되는 것이다. 따라서 하나님과 동행하는 삶이 되어야 한다. 즉 가정예배가 세워질 때 그 가정이 건강해져갈 수 있다.

이 율법서의 등사본을 레위 사람 제사장 앞에서 책에 기록하여 평생에 자기 옆에 두고 읽어 그의 하나님 여호와 경외하기를 배우며 이 율법의 모든 말과 이 규례를 지켜 행할 것이라(신명기 17:18-19)

그런데 이러한 가정예배를 의무감이나 형식으로 드리게 될 때 어린 자녀들은 힘들어하게 된다. 가정예배와 말씀을 통해 삶을 나누는 과정에 부모의 역할이 있어야 한다. 가정예배의 시간을 정하고 그 예배의 순서마다 각자의 역할을 가지고 예배드림의 즐거움을 함께 느끼는 경험을 가져야 한다. 영유아에게 맞는 놀이와 움직임이 있는 예배가 필요한 이유이기도 하다.

영유아기 자녀와 함께 어떻게 예배 드릴까요?

• 예배의 시간을 정하자
"예배의 시간은 함께 가장 적절한 시간을 의논하는 것이 좋습니다. 함께 모일 수 있는 시간과 장소를 정하고 그 예배 시간에 대한 약속을 미리 정하는 과정과 절차가 있어야 합니다."

• 예배의 역할을 정하자
"예배를 드릴 때 가정 구성원이 할 수 있는 각자의 역할을 정하는 것이 필요합니다. 아빠가 말씀을 전한다면, 아들은 기도를 하고, 딸은 찬송을 준비하고, 엄마는 사회를 맡고 미리 예배 장소를 정돈하는 등의 역할 나눔이 필요합니다. 때에 따라서는 역할을 바꾸어서 할 수도 있습니다."

• 예배를 준비하여 드리자
"예배를 드릴 내용을 준비하고 마음의 준비를 하여야 합니다. 늘 어떻게 예배를 드려야 할까를 고민스러워한다면 시시 때때로 이루어지지 않을 수 있습니다. 책자를 준비한다든지 교회에서 가정예배 안내지를 받아서 준비할 수도 있습니다."

• 예배의 감동을 함께 나누자
"가정예배는 축제이어야 합니다. 함께 모여 예배드리고 나누는 과정이 즐거워야 합니다. 가정예배 후에는 함께 다과를 나누거나 예배의 감동을 나누는 시간을 가질 수도 있습니다. 이러한 과정에서 대화가 열려야 하고, 부모와 자녀의 소통이 이루어질 수 있지요."

• 가정예배 인도자의 10가지 유의사항 •

1. 매일 습관적으로, 의무적으로, 강제적으로 하지 마십시오.
2. 유머를 사용해야 합니다. 자녀들이 집중할 수 있는 무엇인가를 사용하십시오.
3. 요일마다 흥미있게 메뉴를 바꾸십시오.
4. 부모의 생활태도, 신앙적 가치관이 교과서가 됩니다. 부모는 자녀들의 세계관이라는 사실을 명심하십시오.

기도 : "우리 함께 기도하자"

영유아교육에서 부모의 역할이 중요한 이유는 여러 가지가 있겠지만 그 중 삶의 본보기로서 모델이 된다는 점을 잊지 말아야 한다. 자녀는 자라면서 부모와 동일시 하거나 부모를 관찰 모델의 대상으로 두게 된다. 항상 쉬지 않고 기도하는 부모의 모습은 자녀의 삶에 스며들게 되어 있다.

특정한 기도 시간을 계획하고, 부모가 기도하는 모습을 보여주는 것이 필요하다. 맞벌이 등으로 바쁜 일상을 살아가는 경우에는 저녁에 잠자리에 들기 전 자녀와 기도하는 시간을 꼭 가져보길 바란다. 처음에는 어린 자녀의 수준에서 기도를 하다가 차츰 수준과 기도의 길이를 늘려나갈 수 있다. 영유아기 자녀의 경우, 기도하고 싶은 것이 무엇인지 물어보고 부모가 대신하여 기도해줄 수 있다. 경우에 따라서 자녀가 기도해 볼 수 있는 기회를 주기 시작하다가 차츰 자녀가 직접 기도하는 기회를 늘리는 것이 좋다.

영유아기 자녀와 함께 어떻게 기도 할까요?

• 기도의 시간을 계획하자

"기도의 시간을 정하고 함께 나누는 것이 필요합니다. 부부와 자녀가 각자 또는 같이 기도하는 시간을 계획하고 이를 실천하고자 하는 노력은 의미 있는 것입니다."

가정에서 온전한 기도는 하나님을 가정의 주권자로 인정하는 것이다. 단
순히 특정 요일에 하나님께 예배를 드리고, 가정의 어딘가에 성경 구절과
십자가를 걸어놓는다고 기독교가정이 되는 것은 아니다. 진정한 의미에서
의 기독교가정은 하나님께 온전히 드림이 있어야 하며, 삶 속에서의 실천이
있어야 한다. 즉 이를 통해 바람직한 하나님과의 관계를 세우고 나아가서
이웃과 교회, 지역사회 속에서 선한 삶으로 향한 봉사를 실천하는 경험을
만들어가야 한다.

섬김 : "함께 봉사하는 경험을 갖자"

가정에서 부모와 자녀가 함께 봉사의 경험을 하는 기회를 가지는 것이 필
요하다. 단지 가정 안에서의 삶에서 나아가 이웃, 지역사회, 교회에 관심을
가지고 사랑을 나누는 삶을 자녀와 실천해보자. 이는 선한 영향력을 끼치게
되고, 자녀에게 봉사의 의미와 삶의 목적을 깨닫게 하는 기회가 된다.

진정한 교육과 삶의 전반에 기독교 세계관에 근거한 해석과 일상이 있어
야 한다. 부모가 스스로 하나님의 주권을 인정하고, 가정의 주인이 하나님
이심을 세우며, 함께 봉사하고 섬기는 일상을 살아내어야 한다. 일상에서
본이 되는 부모로서의 삶을 위해 말과 행동을 점검해 보고, 변화의 기회로
삼을 수 있다.

자녀와 함께 봉사하고, 본이 되는 삶을 살아갑시다

• 바른 말을 사용하자

"부모는 자녀 삶의 본보기입니다. 특히 부모의 언어는 자녀의 언어가 됩니다. 따뜻한 말은 자녀에게 중요한 본보기가 되고, 자녀의 삶이 됩니다. 기독교가정에서 농담으로라도 욕이나 은어를 사용하지 않도록 주의합시다."

• 이웃에게 먼저 인사하자

"이웃을 사랑하는 것은 삶에서 나타나야 합니다. 엘리베이터 안이나 동네에서 먼저 이웃에게 인사하고 배려하는 모습을 의도적으로라도 자녀 앞에서 보이도록 노력합시다."

• 법규와 질서를 아이 앞에서 지키자

"기독교가정의 부모는 사회적으로 선한 영향력을 끼쳐야 함을 말로만 할 것이 아니라 자녀 앞에서 삶 속에서 보이는 것이 필요합니다."

• 예배와 기도의 모습을 보이자

"부모의 예배 자세와 기도의 모습은 자녀의 가슴에 담겨져 그들의 삶이 됩니다. 오늘의 예배와 기도가 내일 자녀의 예배와 기도가 됨을 잊지맙시다."

• 봉사하는 경험을 자녀와 함께 하자

"부모가 교회나 지역사회에서 봉사하는 모습을 보이고, 이를 자녀와 함께 하는 경험이 중요합니다. 섬김과 돌봄의 자세와 인격은 삶 속에서 체득되기 때문입니다."

• 자녀와 함께 감사의 생활을 하자

"하나님 앞에서 감사의 삶을 자녀와 함께 드림이 필요합니다. 감사의 제목들을 함께 얘기 나누기도 하고, 십일조나 감사헌금을 자녀와 함께 준비해 봅시다. 감사의 제목을 헌금 봉투 앞에서 쓰는 과정은 영유아도 함께 할 수 있습니다. 긁적이는 형태라도 자녀가 직접 해 보는 과정이 필요하지요."

3.
행복한 육아의 길을 열어가요

행복한 육아의 길을 내딛기 위해서는 아이가 자라는 환경에 대한 바른 이해를 기초로 양육의 태도, 공동체적 관계, 방법에 대해 자기 점검을 해볼 필요가 있다.

환경 : "자연으로 돌아가자"

하나님은 동방의 에덴에 동산을 창설하시고 그 지으신 사람을 거기에 두셨고(창 2:9), 이것은 가장 행복한 삶의 터전이 되었을 것이다. 하나님이 창조하신 자연만큼 영유아에게 좋은 환경은 없다. 최근의 숲유치원이나 생태적 환경을 강조하는 교육적 접근들은 자연 속에서 놀이하는 아이가 진정한 배움의 길을 걸을 수 있음을 강조하고 있다. 아이는 자연 속에서 하나님의 지혜를 발견하고, 사람과 자연을 사랑하며, 더불어서 함께 할 수 있는 삶의 원리를 배우게 된다.

　어린 아이에게 가장 좋은 놀잇감은 하나님이 창조하신 돌멩이, 흙, 물과 같은 비구조적 놀잇감들이다. 이러한 터전에서는 아이들이 수동적이 아닌 능동적 자세로 놀이를 하게 되고, 정서적 안정과 지적 궁리가 발생하게 된다. 흙, 물, 바람, 풀잎사귀, 풀벌레는 비록 화려하지 않지만 가장 아름답고, 가장 다양한 탐색을 불러일으킬 수 있는 대상들이 된다. 즉 아이다움을 보살펴서 '자생력'을 길러줄 뿐 아니라 '적응력'을 기를 수 있는 것이다.

　육아에 있어서 가장 중요한 것은 부모인 내가 가르쳐야 하는 것이 아니라 유아가 스스로 자생하고 더불어 살아갈 수 있는 힘을 기르도록 도울 수 있어야 한다. 부모는 자신이 모든 것을 해주어야 한다는 성급함을 내려놓고 자연의 순리대로 자녀가 자랄 수 있도록 돕는 육아의 길을 걸어가야 한다.

양육태도 : "바람직한 양육태도를 세워가자"

　당신은 어떤 부모인가? 육아의 태도를 반성하고 끊임없이 노력하는 자세를 갖는 것은 좋은 부모가 되어가는 지름길이다. 지금 아이들은 과거 산과

들에서 하나님의 창조를 몸과 마음으로 느끼며 살았던 시대와 다른 삶을 산다. 흙을 밟지 않고, 빼곡한 아파트 공간에 갇혀서 살아간다. 이들에게 부모는 어떤 양육의 태도와 접근으로 다가가야 하는가?

행복한 아이는 단지 육체적 성장도 아니요, 개인의 성격과 심리 변화에만 맞춘 접근도 아니다. 아이가 행복하다는 것은 통합적이고 거시적 차원에서 조화로운 잠재력을 가진 창조 원형의 회복과도 같은 모습일 것이다. 즉 에덴동산에서 창조세계의 청지기적 역할을 하면서 평화로운 관계를 가지던 그 모습처럼 말이다. 이러한 측면에서 영혼, 마음, 몸을 돌보는 육아의 실천에 있어서 부모의 양육태도는 중요한 문제이다. 자신의 양육태도를 되돌아보고 반성적 실천을 해나가야 한다.

나는 어떤 부모일까요?

당신이 아이에게 민주적 양육태도를 갖고 있는가를 살펴볼 수 있는 체크 문항을 살펴보자. 다음의 질문에 '예'라고 대답할 수 있는가? 그렇다면 민주적 양육태도에 가까울 것이다. 만약 제시한 경우에서 화를 내거나 야단을 친다면 권위주의적 양육태도일 수 있으며, 아이의 행동을 그대로 받아들이고 하고 싶은 대로 하게 해준다면 허용적 양육태도를 가지고 있다.

- **아이가 컵을 깨고 난 뒤 안 그랬다고 거짓말을 하는 경우**
  - 안정된 분위기에서 왜 컵을 깨게 되었는지에 대해 차분하게 얘기를 나누는가?
- **아이가 벽지에 낙서를 해 놓은 경우**
  - 충분한 종이를 마련해주고 낙서할 곳을 함께 정해보는가?
- **아이가 마트에서 장난감을 사달라고 울며 떼를 쓰는 경우**
  - 감정을 수용해주고, 미리 계획된 필요한 장난감을 선택하도록 돕는가?

동행 : "육아를 위한 공동체를 세우자"

전통사회는 씨족사회로서 혈연으로 묶인 가족공동체의 성격을 띠고 있었기 때문에 육아의 문제가 혼자만의 문제가 아니었다. 그러나 현대는 지역 사회, 국가와 세계를 넘나드는 글로벌한 사회이지만 반면에 실제 그 내면을 들여다보면 각자 개개인은 개별화되어 있어서 삶의 과제나 해결책을 스스로 해결해야 하는 특성을 갖고 있다.

핵가족과 개인주의가 사회적 삶의 양식으로 자리 잡으면서 '외로움'이라는 요소가 관계의 불안을 증폭시키고 있다. 가족이 해체되고, 이웃이 단절되고, 사회적 불신은 개인의 감정의 문을 닫게 한다. 이것은 서로 간의 유대를 약화시켜 삶의 방식을 개인적 성향으로 바꾸어 놓아버렸다. 옛날 마을 공동체가 함께 의식주를 해결하던 시대와 다르게 우리들은 먹고, 자고, 입는 모든 삶의 문제가 개별화되어졌다.

부모는 아이 키움의 지혜를 공유할 대상이 필요하고, 유대감을 형성하여 함께 키워가는 공감이 필요하다. '이웃사촌'과 같은 유대와 결속력을 가지고, 동질의 의식(意識)을 공유하며, 나아가 함께 삶을 돌보는 공동의 조직체가 필요하다.

이런 면에서 교회교육공동체는 육아의 문제를 함께 나눌 수 있는 가장 바람직한 공동체라고 할 수 있다. 같은 목적이나 운명을 같이 하는 사람들의 조직체라는 공동체의 본질을 가장 잘 따르는 것이 교회이다. 교회학교는 하나님 나라를 향해 가는 믿음의 형제와 자매가 다음 세대를 돌보기 위한 교육의 목적으로 함께 돌보고 교육하는 교육공동체적 성격을 갖는다. 특히 형제자매의 수가 줄어들고 있는 가족 구조를 볼 때, 공동체 속에서 함께 자녀를 돌보고 관계할 수 있는 육아의 형태가 필요한 것이 현실이다.

방법 : "놀이하는 아이, 서로 사랑하자"

아이가 심심할 때 창의력이 발현된다는 주장이 있다. 즉 구조화된 놀잇감에 익숙해진 아이들은 하나님 형상을 닮은 창조 잠재력을 잃어가게 된다. 스스로 맥락을 살피고 알아가는 창조적 통찰력을 가질 수 있는 육아환경을 제공하는 것이 바른 육아를 위한 자세인 것이다.

어린 아이가 논다는 것은 자발적으로 궁리하고, 놀이를 만들어가고, 움직이고, 느끼는 일련의 과정을 포함한다. 아이 손에 쥐어진 스마트폰이 아이가 논다고 느낄지 모르나 이런 강렬한 자극에 노출된 아이는 '감각의 무력함'으로 인해 스스로 궁리해서 놀지 못하게 될 수 있다. 오감각을 동원해 감각을 통해 놀이하고 탐색할 때 아이의 사고와 인지, 정서가 발달해나간다. 부모가 아이와 가정에서, 놀이터에서, 지역사회나 숲에서 함께 놀아보는 기회를 만날 때 좀 더 자녀를 이해하는 폭이 넓어져가게 된다. 이는 아이 스스로 궁리하고, 문제를 해결하고, 배우는 아이로 돌보는 길이 될 것이다.

자녀와 함께 해요

1. 부모의 하루 생활을 아이에게 들려주어요.
2. 아이의 변화를 관찰하고 기록해보아요.
3. 아이에게 들려주고 싶은 이야기를 집안에 붙여요.
4. 아이와 함께 목욕하거나 스킨십을 매일 실천해요.
5. '사랑해'와 '고마워'라고 말해요.
6. 자녀와 뒹굴면서 서로 상호작용하는 시간을 가져요.
7. 속상하거나 기분 나쁜 것 이야기를 들어주어요.
8. 아이의 생활이나 행동을 구체적으로 칭찬해요.
9. 약속에 따른 결과 책임지도록 해요.
10. 자녀와 함께 산책, 나들이 등을 자주 해요.

일곱

자녀의 지혜로운 성장을 위하여

1.
똑똑한 아이로 키우고 싶나요?

인지발달의 측면에서 똑똑한 아이로 키우고 싶은 것은 한결같은 부모들의 바람이다. 그렇다면 똑똑한 아이는 어떤 아이이며, 어떻게 발달할 수 있는 것일까?

감각기 : "오감각을 통해 세상을 알아간다"

아기는 태어나서 세상을 만날 때 오감각을 통해 만난다. 보고 들으면서 새로운 세상을 알아가고, 젖 내음으로 엄마를 알아가고, 손에 닿는 모든 것을 움켜쥐며 대상을 알아간다. 인지발달의 특성으로 본다면 영아기는 오감각의 감각기관과 운동기능을 조합함으로써 지식을 얻고, 세상을 인식하고 이해해나간다. 보여야지 알 수 있다. 딸랑이를 보고 듣고 있을 때, 딸랑이라는 사물을 알 수 있는 것이다. 만약 딸랑이를 치워버리면 그 사물을 떠올릴 수 없기 때문에 지속적 사고가 일어나지 않는다. 그렇기 때문에 영아기 아이를 똑똑하게 키우는 가장 중요한 방법은 아이들에게 오감각을 열어주어야 한다. 시각, 청각, 촉각, 후각, 미각의 오감각을 통해 충분히 놀 수 있도록 하는 것이 똑똑한 아이로 키우는 가장 좋은 방법이다.

자녀를 똑똑한 아이로 키우고 싶다면 엄마와 아빠의 내음을 마음껏 맡도록 하라. 그리고 부모와 함께 보고 들으면서 놀게 하라. 가정에서, 바깥놀이터에서, 지역사회와 숲으로 나가면서 오감각이 열리도록 할 수 있다.

놀이성 : "놀이를 통해 '앎'을 이룬다"

영아기는 감각을 통해 놀면서 배운다. 보고 들으면서 사물을 인식하게 되고, 이를 반복하면서 즐거움을 느낀다. 즉 놀이가 나타나는 것이다. 장난감을 흔들고, 반복적으로 움직이고, 놀이감을 밀고 가면서 논다. 이러한 놀이 가운데 아이는 세상을 알아가는 순간이 발생한다.

아이는 커가면서 보이지 않아도 심상을 떠올리게 되고, 이러한 표상이 증가하면서 놀이가 확장된다. 보거나 만지거나 하지 않았도 심상이 남아서 대상을 영속적으로 알 수 있게 된다. 그래서 유아기가 되면 인형이 살아있는 척, 병에 우유가 있는 척을 하면서 상상놀이를 한다. 이러한 놀이를 통해 인지와 사고가 발달해나간다. 놀이의 세계는 아이가 가지는 내적 세계를 넓혀주고, 커나가는 힘을 얻게 한다. 그리고 놀이를 통해 인적, 물적 세계를 내면에 담아 '앎'의 영역을 확장시켜 나간다.

영유아기의 앎의 방식은 설명이나 전달이 아니라 자발적 흥미와 연계된 경험의 능동성을 포함하는 놀이임을 기억해야 한다. 놀이는 영유아가 스스로 자발성을 가져야 하며, 재미있을 뿐 아니라 능동적이어야 한다. 성인이 잘 구조화시킨 놀이는 창의적 방향이 아니라 어른의 논리성에 근거한 지식 소유로 안내되기 쉽다. 영유아기에 진정한 앎은 놀이 속에서 발현될 수 있다.

창의력 : "지식의 축적이 아닌 창의력을 키운다"

인간은 하나님의 형상을 닮은 존재이다. 발달 심리학의 관점에서 인간의 인지 발달의 연구는 인간이 하나님의 형상을 닮은 존재임을 드러낸다. 시대의 발전 속도는 상상을 초월할 정도로 빠르다. 어린 시절 텔레비전과 전화기가 있는 집에 구경을 가던 시절이 있었다. 그러다 인간은 삐삐라는 것을 만들어서 멀리 있는 이들을 이어주기 시작했다. 그러나 이제는 핸드폰이 생겨 어느 나라, 어느 곳에 있어서 서로 소통을 하며 산다. 그것 뿐인가? 이제 핸드폰은 모든 문서를 교류하고, 정보를 교류하는 매개체가 되었다. 그리고 이제는 모든 데이터가 초연결되는 정보기술의 초연결 혁명 시대를 산다.

인간의 능력은 가히 감탄할만하다. 인지발달은 어떤 사실을 인식하여 알아가는 것의 발달을 의미한다. 심리적으로 본다면 심리 자극을 받아들여 저장, 인출되는 일련의 과정을 포함하는 정신적 작용이라고 볼 수 있다. 인간은 일반적으로 인지적 작용을 통해 어떤 사건을 지각하여 판단하게 되고, 문제를 해결하는 결과로 이어지게도 된다. 하나님의 형상을 닮은 인간은 창의성을 포함한 인지적 특성을 가진다. 새롭고 남다른 것을 생각해내는 힘인 창의성(創意性)은 새로운 것을 생각하여 만들어내는 능력인 창조력을 발현된다. 그래서 인간이 만들어가는 창의적 산물들은 무한한 가능성의 연속이다. 천지를 창조하신 하나님께 능력을 받은 하나님의 자녀인 인간은 인지적 발달의 특성에서 창의성을 가진 존재이다.

이제 미래 사회는 일련의 정보를 축적하고, 기억하는 지능적 요소가 필요한 사회가 아니다. 4차 산업혁명의 시대 앞에서 똑똑한 아이로 키워내려면 하나님의 자녀답게 키워야 한다. 하나님이 만드신 세상을 바로 알고, 그 속에서 새롭고 남다르게 생각하고 만들어내는 능력을 발현하여, 하나님의 영광을 위해 살아갈 수 있도록 돕는 것이 똑똑한 아이로 키우는 길이다.

영유아기 인지발달의 특성을 이해해요

육아의 과정에서 아이에게 배움을 열어주기 위해서는 영유아가 가지는 발달의 특성을 이해해야 한다. 영유아의 인지발달적 특성을 제시하면 다음과 같다.

영아는 감각 운동적이다	• 보이는 대로 지각한다. • 오감각을 통해 경험된 것을 안다. • 보이지 않는 것에 대한 표상이 불명확하다.
영유아는 자기중심적이다	• 다른 사람의 입장에서 생각하는 것이 힘들다. • 자신의 시각에서 세상을 판단한다.
영유아는 감각에 의존한다	• 오감을 통해 앎을 연다. • 감각이 함께 해야 배움이 쉬워진다.
영유아는 의식주 일상과 함께 한다	• 입고, 먹고, 자는 일상 속에서 배운다. • 의식주 속에서 기본생활습관을 형성한다.
영유아는 놀이를 통해 세상과 소통한다	• 새로운 앎의 세계를 놀이로 다시 연다. • 혼자 또는 또래와의 놀이가 배움이다.

2.
어린 아이도
하나님을 알 수 있나요?

신앙교육을 어린 시기부터 어떻게 시작해야 할까? 영유아기 신앙발달과 적절한 육아나 교육의 문제는 가정과 교육이 안고 있는 사명이자 과업이다.

아이의 신앙발달 : "하나님은 너와 함께 하셔"

인지발달의 대표적 학자 중 한 명인 피아제(Piaget, 1929)는 유아기는 자기중심적 사고와 비논리적 사고 특성을 가지고 있으므로 '전종교기'라고 하였다. 그는 유아가 세계를 인식하는 과정을 '인공성(artificialism)'으로 설명한다. 인공성은 아이들이 자연세계나 물리적 현상을 사람이 필요에 의해서 만들어졌다고 인식하는 것을 지칭한다. 이러한 발달적 특성으로 유아기는 신에 대한 개념을 형성하기 어렵다는 논의가 있어왔다. 즉 유아기의 자기중심성이나 비가역적 사고를 벗어나는 학령기가 되면 인간의 능력의 한계를 논리적으로 인식하여 신을 인간과 구별하여 인식할 수 있게 된다는 것이다. 즉 그때에야 비로소 종교교육이 가능하다고 보는 입장이다.

그러나 하나님의 개념을 유아기에도 형성할 수 있다는 긍정적 근거를 제시하는 이론인 '준비가설(preparedness hypoghesis)'이 있다(Barrett, Richert & Driesenga, 2003). 이 가설은 유아도 하나님을 사람과 다른 존재로 이해할 수 있다고 본다. 이 가설의 대표적 크래커박스 실험을 소개하면 아래 그림과 같다. 크래크 상자에 돌을 넣어두고, "안에 무엇이 들었을까?"라고 유아기 아이에게 물어보면 돌이 들었다고 한다. 그러면 다시 만약 "엄마에게 무엇이 들었냐고 물어보면 뭐라고 하실까?"와 "만약 하나님께 무엇이 들었냐고 물어보면 뭐라고 하실까?"라는 질문을 한다. 그랬더니 영아의 대부분은 엄마도 돌맹이가 들었는지 알고 하나님도 아신다고 대답한다. 그러나 5세나 6세경의 유아들은 대부분 엄마는 모르고 '돌'이라고 할 것이지만 하나님은 아신다고 대답한 것으로 나타났다. 즉 영아는 엄마와 하나님의 능력에 대해 구분하지 못하지만 5세나 6세경의 유아는 대부분 하나님의 능력과 창조적 힘을 구분할 수 있다는 것이다.

또한 바렛과 리처드(Barrett & Richert, 2003)의 실험 중에는 시각, 청각, 후각으로 대상을 감지할 수 없는 거리의 무언가를 어떤 대상인지 알 수 있느냐가 묻는 실험이 있다. 평균 4년 11개월의 유아들의 경우 인간은 불가능하지만 하나님은 알 수 있다고 답변하였다. 이러한 주장들은 유아기에도 하나님을 인간과 구별하여 알 수 있다는 가설에 힘을 실어주고 있다.

그렇다면 영아는 하나님의 개념을 어떻게 형성하는가? 영아기는 '엄마'라는 양육자가 하나님의 개념을 형성하게 하는 최초의 영역이라고 보는 대상관계이론이 부각된다. 리주토(Rizzuto, 1979)는 주 양육자와의 경험을 기초로 하여 '엄마의 이미지'와 '이상화된 원형 이미지'를 형성하고 이에 기초하여 하나님의 개념을 형성하게 된다고 하였다. 이러한 영아기 영성 형성에 대한 논의는 아직 다양한 논란들이 있지만 하나님과의 관계 형성에 부모, 특히 어머니의 역할이 중요함은 분명해 보인다. 따라서 어린 자녀의 신앙교육에 있어서는 가정과 부모의 역할이 중요한 것은 의심의 여지가 없다.

크래커 상자 실험연구(Barrett, Richert & Driesenga, 2001)

영유아기 신앙교육 : "아가도 신앙교육이 필요해"

　영유아기는 자연, 사람과의 구체적 경험이나 놀이를 통해 앎의 세상으로 나아가게 된다. 영유아는 하나님을 알고 세상을 아는 방식이 성인들의 과정과는 다르다. 영유아기 발달적 특성이 고려되지 않은 채 청소년이나 성인의 교육을 모방하는 차원에서 이루어지는 가정교육이나 교회교육은 바람직한 배움이나 가르침이 될 수 없다. 영유아는 하나님을 알고, 세상을 아는 과정이 설명이나 논리적 접근으로 이루어지기에는 인지적 한계를 가진다. 따라서 영유아는 영유아답게 알아가도록 도와주어야 한다.

　영유아는 전인적 성장(wholeness)의 발달적 특성에 근거하여 전체적이고 통합적 성장을 위한 교육적 지원이 필요하다. 궁극적으로 전인적인 조화를 이루어 하나님의 형상을 닮고, 하나님을 알아가며, 예수님의 사랑을 깨닫고 궁극적으로 하나님의 형상을 닮은 형상대로 삶을 돌볼 수 있도록 돕는 과정이 교육의 방향이 되어야 한다. 즉 영유아의 지혜, 관계성, 애정, 움직임, 언어소통을 돌봄으로 의해 전인적 영성교육으로 나아가는 교육적 접근이 필요하다.

약속받은 아들, 이삭

- 성경 창세기 18장 10절에서 11절을 보면 아브라함과 사라는 나이가 많고, 생리가 끊어졌음에도 하나님의 은혜로 아들 이삭을 낳는다. 즉 능하지 못한 일이 없는 여호와 하나님의 섭리 가운데 아브라함과 사라는 부모가 되었다.
- 아브라함과 사라는 아들을 얻었고(창21:2-3), 이로 인하여 부모가 됨을 즐거워하며 웃었고(창21:6), 이삭을 번제로 드리라 하는 말씀에 순종함으로써 하나님을 경외함을 나타내었으며(창22:2-12), 큰 복을 받아 크게 번성하여 그 씨로 말미암아 천하 만민이 복을 받는(창22:17-18) 섭리가 이루어졌다.

• 사무엘상 1장에서 한나는 여호와께 기도하고 통곡하며 서원하여(삼상1:10–11) 사무엘을 낳게 된다. 한나의 기도를 들으신 하나님은 그녀의 고통을 돌보시고, 기억하시고 잊지 않으심을 사무엘의 출생을 통해 나타내셨다. 한나는 이러한 기도로 사무엘의 어미가 되었지만 자녀의 평생의 주인이 여호와 하나님임을 잊지 않고 실천하는 부모로서의 역할을 보이고 있다.

성경에는 많은 부모가 있다. 성경에서 만나는 부모와 자녀의 모습 축복의 현상이기도 하고, 때때로는 성장과 성숙의 과정이기도 하다. 자녀는 하나님이 각 가정에 약속하신 축복이기도 하고, 기도와 헌신의 훈련이기도 하다. 현대사회는 자녀가 가정의 중심이 되었다고 해도 과언이 아닐 정도로 자녀 중심의 일상을 산다. 하지만 자녀는 사랑받고 존중받고 있다고 느낄까? 정작 아동중심사상이 부각되어져 가는 오늘날의 자녀는 더욱 소외되어 외롭고, 바쁘고, 아프다는 현실을 무시할 수 없다. 하나님이 주신 축복의 중심인 행복한 가정의 부모와 자녀의 어우러짐은 어디에서 출발해야하는가에 대한 성찰이 요구되는 이유이기도 하다.

3.
지혜로운 아이로 자라게 해요

4차 산업혁명의 시대적 변화 가운데 바람직한 인간관도 바뀌어 가고 있다. 기독교가정과 교회는 어떤 다음 세대를 세워야 할까? 단순한 지식의 축적이 아닌 지혜로운 기독 인재를 양성하려면 어떻게 해야 할까?

하나님을 아는 아이 : "하나님을 아는 것이 지식의 근본이다"

지혜란 하나님이 만드신 세상과 인간들 간의 이치나 상황을 깨닫고, 그것에 현명하게 대처할 방법을 생각해낼 수 있는 정신적 능력이다. 영유아 시기는 인지발달, 정서발달, 사회성발달, 언어발달, 신체발달 등의 발달에 민감한 결정적 시기라고 볼 수 있다. 그런데 그 중 인지란 것은 어떤 대상을 분별하여 판단하는 것이기 때문에 아이의 인지발달은 사고하는 능력이 성장하여 지적인 사람이 되어가는 발달과정을 뜻한다.

그렇다면 아이가 인지발달을 해 나간다는 것은 무엇을 의미하는가? 진정한 인지발달은 하나님을 아는 지적 발달이 가장 근본이다. 자녀가 똑똑하기를

바란다면, 지혜로울 수 있기를 바라야 한다. 똑똑한 아이가 되도록 돕는 것은 많은 지식을 소유하는 것이 아니라 세상을 만드신 하나님을 닮아 새로운 것을 생각하고, 현명한 판단을 할 줄 알도록 자라가야 한다. 지적 발달은 앎을 통해 삶을 이롭게 하며 나아가 하나님께 영광을 돌릴 수 있는 잠재력의 깨우침이라고 볼 수 있다. 또한 이러한 지적 성장을 돕는 것이 진정한 교육이다.

진정한 발달에 적합한 교육은 기독교세계관에 기초해서 바른 판단을 할 수 있고, 합당한 의사결정을 하며, 하나님의 영광이 되는 선한 영향력을 삶으로 풀어내도록 돕는 과정이다. 자녀를 위한 육아와 교육은 남들보다 더 똑똑한 아이가 되도록 하는 것이 아니라 바르게 알도록 돕기 위함이다. 옹알이 하고 뒤집기 하는 시점부터 비교하고 '빨리 빨리'를 목표로 삼는 것은 그 시작부터 바람직한 지적 발달의 궤도에서 벗어난 것이다. '더 빨리 더 똑똑하게'가 아니라 '지혜로운 가운데 바르게 아는 것'을 바라보아야 하지 않겠는가?

현대사회는 지식과 정보의 사회라고 해도 과언이 아닐 정도로 정보화가 중요한 핵심이 되었다. 좀 더 빨리, 좀 더 정확하고 많은 정보와 지식을 축적하는 것이 산업사회의 성패를 좌우하는 과제인 것처럼 살아왔다. 그런데 이제 정보와 지식을 외워서 저장하는 것이 아니라 빅데이터로 처리되는 시

대를 살고 있다. 아이가 핸드폰에 몰입하여 즐거워하고 있다는 '사실(fact)'
이 교육적으로 가치가 있다는 '진실(truth)'을 보장하지는 못한다. 즉 아이가
몇 개의 영어단어를 외우고, 지식을 읊조린다고 해서 그것이 바람직한 발달
을 하고 있다고 오해해서는 안 된다. 아이가 바른 지적 성장을 하도록 돕는
가장 큰 진실은 하나님을 아는 자녀로 키우는 것의 가치에 있다.

둘째 아이가 32개월이었을 때의 일이다. 예배시간에 십자가 영상을 보고, "엄마, 그런데
예수님 왜 피 났어? 왜 아야 했어?" 라고 진지한 표정으로 질문을 한 적이 있다. 그 때,
우리가 죄를 지었지만 하나님이 우리를 너무 사랑해서 하나님의 아들인 예수님이 우리 대
신 십자가에서 피흘리셨고 우리를 용서해주셨다는 이야기를 해주었다. 그래서 예수님을
믿으면 우리가 용서를 받는 것이라는 이야기를 아이가 한참 재미있게 듣고 있었다. "준이
대신에, 엄마 대신에 하나님 아들 예수님이 '아야' 한 거야. 대신 십자가에서 피 난거야.
그러니깐 준이랑 엄마는 아야 안 해도 되지. 고맙지? 그러니깐 우린 하나님, 예수님께 감
사해야겠지?"
그리고 며칠 뒤 교회 가는 날 아들과 6학년인 누나가 티격태격 말다툼을 했다. 이 때 아들
이 하는 말이 "누나, 예수님이가 우리 대신에 피나고 아야 했는데 예수님 얘기 잘 들어야지
그러면 안 돼. 맞지? 엄마~"라고 한다. 32개월짜리 아이에게도 죄를 자각하고, 하나님의
사랑을 아는 지적 표상과 인식이 자라난다. 하나님이 아들을 주신 은혜와 그 아들 예수 그
리스도로 말미암은 구원의 은혜를 깨닫는 과정에서 한 개인에겐 죄에 대한 자각이 있게 된
다. '아! 내가 죄인이구나'라는 죄에 대한 인식은 인간을 낮은 자세로 이르게 하며 하나님의
뜻에 합당한 인식과 선택의 삶으로 이끈다.

놀면서 알아가는 아이 : "아가야, 우리 놀 궁리를 할까?"

우리의 유년기는 어떠했는가? 박사 제자의 학위논문 연구로 '세대별 놀
이 변화 연구(김성원, 2015)'를 지도한 적이 있다. 40년대는 들과 산을 뛰어
다니면서 놀이를 하셨고, 50년대는 들과 산을 뛰어다니면서 '전쟁놀이'를
하였음이 나타났다. 60년대와 70년대를 접어들면서 도시화, 산업화가 되

어가는 삶의 양상 때문인지 골목에서 놀고, '고무줄 뛰기'를 하면서 놀았음을 알 수 있었다. 어린 시기는 놀면서 큰다. 그러나 그 모습에 삶이 영향을 주고 있더라는 것이다. 어린 시기를 돌이켜 생각해보면 심심했던 적이 많았다. 그러면 궁리와 궁리를 거듭한다. 어떻게 하면 재밌을까?

1950년대 놀이

1960년대 놀이

1970년대 놀이

1980년대 놀이

1990년대 놀이

2000년대 놀이

아이는 놀면서 배운다. 어떻게 놀까를 궁리하면서 '앎'의 세계를 확장시키기도 하고, 내가 알고 있는 것들을 견고하게 만들기도 한다. 영유아기의 인지발달은 감각에 기초한 놀이와 함께 이루어진다. 영유아기 교육은 '비빔밥식 교육'이다. 비빔밥은 개인의 식성에 따라 다르게 비벼야 하며, 그것이 비빔밥의 참맛이다. 또한 비빔밥은 나물, 쇠고기, 고추장 등의 개개인의 원료의 맛이 아니라 그 조화의 맛이다. 마찬가지로 영유아교육이라는 커다란 비빔 그릇에 국어, 영어, 수학, 사회, 음악, 과학, 미술 등을 넣고 비빈다. 비빔의 주체는 유아이어야 하며, 그 유아가 비벼서 만들어진 비빔밥의 모양은 놀이이어야 한다. 그 비빔밥을 한 술 떠서 먹었을 때 영유아는 그냥 놀이로서 맛나게 느껴지지만 결국 그 가운데 배움이 있는 것이다.

골드만(Goldman, 1964)은 유아는 지적 교육보다 느낌과 환상적 접근을 통해 신앙의 세계로 더 잘 들어올 수 있다고 하였다. 어린 아이는 직관적이고 환상적이기 때문에 놀이에 닿아 있다. 스스로 감각을 통해 놀면서 만들어진 이미지를 자신의 인지적 틀 속에 새롭게 구성해나간다. 이 때 아이는 보고, 만지고, 느끼면서 하나님을 직감하고 예감하는 시기이다. 그 속에서 하나님에 대한 감탄과 경외를 경험하는 시기이기도 하다.

어린 시기의 아이들의 삶과 놀이 속에서 구조화된 놀잇감이나 대상에 집착한 앎의 형태는 소유적 쾌감에 머무르게 하고, 더 창조적 생산으로 이어지는 인지 발달을 제한하게 된다. 따라서 창조 본성을 품고 사는 하나님 형상을 입은 아이가 그들의 지음 바 된 원래의 특성을 가장 적절하게 발산토록 도와주기 위해서는 일상을 돌보는 교육이 필요하다.

잘 만들어진 구조화된 교재로 가득한 아이의 방을 상상해보자. 영유아에게 잘 만들어진 자동차는 자동차 이상의 창의적 표상을 하도록 하는 것을 제한할지도 모른다. 잘 만들어진 멋진 인형은 인형 이상의 생각을 하지 않도록 제한할 수도 있다. 그래서 영유아는 그들에게 주어진 놀이의 틀 안에서 놀게 되고 이것이 지루해지면 더 이상 어떻게 놀아야 할지를 모르고 새로운 놀잇감을 요구하게 된다. 동산을 누비며 놀던 기성세대들의 유년기는 나뭇가지와 풀잎, 그리고 돌멩이가 사람으로도 동물로도 표상되어지고 어떤 놀이 세계로도 표현될 수 있었다. 이렇게 본다면 지금의 아이들은 풍요 속에 빈곤한 놀이문화와 환경을 가지고 있다. 진정한 인지적 발달을 위해서는 아이가 스스로 궁리하고, 상상하고, 표현하며, 움직이고, 깨닫는 과정을 경험하도록 자연적인 놀이환경과 시간을 제공해야 한다. 아이가 하나님을 감지하고, 그 은혜를 체험할 수 있는 가장 좋은 환경과 내용은 자연이고 그 속에서 유아는 더 쉽게 하나님을 깨닫고 느낄 수 있다. 이러한 측면에서 하나님, 인간, 자연을 구속사적 관점에서 영과 삶의 내용으로 풀어가는 기독교유아교육의 생태적 접근이 필요하다고 볼 수 있다.

유아가 지식을 받아들이고 알아가는 과정은 기능적 차원과 과정적 차원의 두 가지 측면으로 살펴볼 수 있다. 기능적 차원의 '앎'은 아이가 알기 쉽게 내용을 구조화하여 제시하는 방법이다. 여러 가지 오감각을 동원해서 아이가 재밌게 집중할 수 있도록 조직화된 전달을 통해 아이가 사물을 알아가게 하는 방법이다. 반면 과정적 차원의 앎은 자연적 상황 속에서 아이가 스스로 궁리하면서 알아가게 하는 것이다. 유아는 오감각을 통해 자연스럽게 세상과 통하게 된다.

기능적 차원에서 아이가 열어가는 오감각이 아니라 성인이 열게 만드는 오감각은 결국 자신이 스스로 궁리하고 찾아가는 과정이 없어진 상태이다. 그러나 과정적 차원에서 아이가 자연 속에서 소리를 듣고, 움직이는 다람쥐를 보았을 때 어떤 일이 일어날까? 다람쥐를 보지 말라고 하더라도 그 아이는 다람쥐를 보기 위해 자신의 모든 감각을 동원할 것이다. 그러나 교실에 있는 아이에게 다람쥐를 알게 하기 위해 녹음해 온 소리를 듣게 하고, 다람쥐 그림을 그려서 제공하며, 다양한 매체로 주의집중을 시키는 것은 아이에게 아는 방법을 열어주지 못한다. 기능적 차원에서 앎의 태도를 갖게 한다면, 우리는 지속적으로 최적의 조직화된 지식을 제공해나가야 한다. 학령기와 청소년기에도 잘 짜여진 앎의 세계를 조직화해서 계속 전달할 것인가? 이것이 유아기에 놀이를 통해 궁리하고 찾아가는 과정적 차원에서의 앎의 역량을 키워나가야 하는 이유이다. 유아에게 교육은 놀이여야 하며, 놀이는 자발성을 근거로 한 자연스러운 일상이 되어야 한다.

삶을 통해 배우는 아이 : "의식주를 일상생활에서 배워요"

아이의 배움은 의식주를 포함한 일상생활에서 이루어져야 한다. 영유아기의 인지적 특성은 논리적 접근이 아니라 구체적이고 경험적 과정을 통해서 이루어지며, 그 직관적이고 경험적 역동성이 놀이나 일상생활을 통해 인지적 성장이 이루어질 수밖에 없도록 한다는 사실 앞에서는 대다수 반론의 여지가 없어 보인다. 따라서 영유아만이 가지는 특별한 인지적 특성은 영유아기 인지생활이 일상생활과 놀이라는 맥락 속에서 이루어져야 함의 필요성을 제기하게 되는 것이다.

참다운 앎의 길에 서기 위해서는 의식주를 포함한 삶의 양상으로 실천되어야 한다. 기본적으로 일상적 의식주 생활 속에서의 돌봄이 필요하며, 이러한 삶 속에서 깨달음은 믿음생활로 이어질 수 있다. 우선 의식주를 포함하는 일상생활은 먹고, 자고, 입는 모든 영유아 삶의 과정을 포함하는 것이다. 옷을 입는 것 가운데도 무엇을 입을 것인지, 어떻게 입을 것인지를 생각하게 된다. 부모는 때로 유아가 자신이 마음에 드는 옷을 입겠다고 고집을 피우는 바람에 곤욕을 치르는 경우가 있다. 이것은 옷을 입는 선호와 이유가 생기기 시작하는 것이기도 하지만 이런 과정을 통해 부모와 어떠한 양상의 힘겨루기가 생긴다. 옷을 입고, 밥을 먹고, 잠을 자는 삶 속에서 유아는 대상과의 돌봄의 과정을 느끼고, 이를 즐긴다. 때로는 그 속에서 일상의 습관이 생기기도 하며, 대상과의 관계를 형성하기도 하고, 나아가 성격을 형성하기도 한다.

그런데 요즘 영유아들은 삶을 돌보는 손길을 잃어가고 오히려 관계의 빈곤을 느끼고 있을지도 모른다. 의식주를 포함한 일상적 삶 속에서 자연스런 배움의 기회를 박탈당하고, 구조적이고 형식화된 가르침 속에서 배움의 흥미를 잃어버릴 수 있다. 의식주 생활은 가장 자연스러운 가르침과 배움의 터전이요 시간이다. 부모나 유아교사가 의식주를 통한 가르침과 배움의 중요성을 간과한 채 구조적이고 형식적인 방식으로의 교육에 무게를 두는 이유는 어쩌면 유아교육의 전문성에 대한 잘못된 인식에 기인한 것일지도 모른다. 예수님의 가르침은 먹을거리와 함께 했고, 돌봄과 함께 했다. 제자들의 발을 씻기고, 먹을 것을 준비하시는 삶의 모습으로 가르침과 배움의 방식을 택하셨다. 특히 유아교육은 살피고 돌보는 기본적 삶의 방식에서 진정한 전문성이 있음을 간과해서는 안 된다.

유아의 본성에 맞는 가장 자연스러운 놀이는 무엇일까? 실제로 유아교육기관 15개소의 유아 57명을 대상으로 하여 하루 일과 중에서 가장 신나고 재미있는 것이 무엇이냐고 물어보았더니 결과적으로 11명의 아이를 제외하고는 바깥놀이가 제일 재미있다고 대답하였다. 물론 11명의 대답도 역할놀이와 쌓기놀이가 전부였다. 또 선생님이 언제 제일 좋냐는 질문에는 '밥 줄 때'라는 참으로 아이러니한 대답이 가장 많이 나왔다. 영유아가 자연스럽게 여기는 놀이와 의식주 삶의 영역이 가장 편하고, 즐겁고, 의미있는 현상이라면 영유아의 인지교육은 이러한 자연적 일상에서 출발해야 한다는 것이다.

지혜로운 아이 : "생각해 볼까?"

지혜로운 아이로 키우는 그 길에는 깨달음의 방법이 있다. 단지 지식을 모아서 축적하는 것이 아니라 생각해서 깨닫게 되는 과정이 있어야 한다. 육아와 교육에서 소유와 집착의 본성이 아니라 창조의 본성이 살아날 수 있는 깨달음의 과정이 필요하다. 레인(Lane, 2009)은 인간의 마음속에서 서로 다투는 두 가지 힘인 창조본능과 쾌감의 본능이 있어서 지적 발달에 영향을 미친다고 주장했다. 인간에게는 새로운 세계를 넓혀가는 창조적 본성도 있지만, '앎'이라는 세계에 집착하고 그 속에 매몰되는 경향도 가지고 있다. 에릭프롬(Eric Fromm)은 인간이 가지는 소유 본능은 존재 가치로서 현실을 받아들이지 못한다고 하였다. 인간은 이렇듯 '앎'에 있어서 지식을 소유하고 그것에 집착하는 인지적 경향성을 가지고 있다. 만약 이러한 방향으로 인지적 사고가 흐르게 된다면 한 개인은 늘 경쟁 속에서 채워지지 않는 인지적 소유욕으로 혼란스러울 수 있다. 인간이 가진 이러한 교만한 소유 욕구는 많은 양의 지식 증가를 가져올 수는 있으나 지혜로운 판단에 따른 '참다운 앎'과는 거리가 멀다.

따라서 진정 지혜로운 아이로 키우기 위해서는 생각하는 아이로 자라게 해야 한다. 유아교육에서 놀잇감 연구는 구조적 놀잇감보다 비구조적 놀잇감이 유아의 여러 인지적 발달에 유용하다는 보고가 있어왔다. 사람이 창조적 지혜를 살릴 수 있는 가장 좋은 터전과 놀잇감은 가장 완벽한 창조물인 자연이다. 구조화된 놀잇감으로 인지적 활성화를 조작하는 앎의 방식이 아니라 스스로 발견하는 창조적 지혜로서 앎을 열어갈 수 있도록 아이에게 자연과 가까이 하도록 돕는 것이 필요하다. 창조적 본성은 하나님을 닮은 형상대로의 것이다. 인간이 지혜로운 지각과 판단을 포함하는 창조력으로 나아가지 못한다면 오히려 창조력은 파괴와 상처로 인간 사회에 되돌아온다. 스마트기기의 개발과 생산이 인간에게 유익하기도 하지만 이것이 중독과 인간소외로 치닫게 할 수도 있다는 것이다.

창조 본성은 지혜에 근거한 지각과 바른 판단에 근거한 창조력이다. 지혜란 사물의 이치나 상황을 바르게 깨닫는 지각력에 근거하여 현명하게 대처할 수 있는 판단력을 포함한다. 그러나 인간의 타락과 죄성이 의와 거룩함으로부터 단절을 초래했다. 그러기에 우리는 인간과 하나님의 관계를 생각하고, 나의 죄를 생각하고, 진정한 지혜를 깨닫는 지적 수준으로 나아가도록 돕는 교육이 필요하다. 단지 지식의 전달이 아니라 일상 속에서 창조적 지혜를 일깨우는 과정이 포함되어야 할 것이다. 먹고, 자고, 입는 일련의 삶 속에서 늘 한결 같은 깨달음이 영유아의 참된 앎을 열어갈 수 있도록 도울 수 있다.

4.
생각을 담은 언어로 소통해요

마음과 생각은 언어로 세상과 연결된다. 인간의 언어발달은 인지발달과 연결되어 지속적인 성장과 변화를 거듭한다. 태어나서 울음으로 자신을 나타내는 아이의 첫걸음은 쿠잉이나 옹알이로 이어지고, 마침내 '언어'라는 특별한 통로를 통해 확장된다.

기도와 응답 : "아이의 언어로 기도하자"

우리는 얘기하고, 묻고, 답을 듣는 언어라는 도구를 활용하며 산다. 영아기 때 쿠잉과 옹알이로 시작해서 진정한 언어기가 되면, 말로 생각을 표현해낸다. 이렇게 말로 생각이나 마음을 표현해내는 과정은 하나님과의 소통을 포함할 수 있다. 어린 아이도 말을 하면서 하나님과 대화하는 시간을 가질 수 있다. 하나님께 기도하고 응답받는 과정은 언어소통을 통해 궁극적 영적 각성의 발달로 나아간다.

하나님께 기도하는 시작은 영유아기부터 가능하다. 그러나 영유아기의 발달적 특성에 맞는 기도로 출발해야 한다. 아이의 인지적 특성과 언어적 특성이 반영된 기도로 시작할 수 있다. 성인들은 논리적이고 추상적 언어로 하나님께 자신의 마음과 형편을 전하고, 찬미를 돌릴 수 있다. 그러나 영유아는 구체적이며 일상적 언어로 하나님과 소통할 수 있다.

기도는 하나님과 대화를 하는 시간이다. 그런데 아이는 대화하는 방식이나 언어가 성인들의 것과 다르다. 영유아의 언어는 짧고, 느리다. 문장이 너무 길거나 추상적 표현이 많아진다거나 빠르게 진행되는 말들은 이해되지 않는다. 이것은 하나님과의 대화도 그렇다는 말이다. 그런데 우리는 성인들 위주로 기도하면서 영유아들에게 같이 기도하라고 한다. 이해되지 않는 말로 하나님과 대화하라는 것이나 다름이 없다. 따라서 영유아의 기도는 간단한 기도 연습에서부터 시작해서 차츰 혼자서 하나님과 대화할 수 있는 방법으로 나아가야 한다. '하나님'이나 '예수님'을 외쳐보면서 부르는 연습에서부터 차츰 문장으로 대화하는 일상으로 습관화될 수 있다. 매일 하루에 기도하는 시간을 정하고 그 시간마다 하나님과 대화하는 시간을 가질 수 있도록 돕는 생활이 필요하다.

저녁에 잠자리에 들기 전에 하나님께 기도를 드린다. 일반적으로 부모가 어린 아이와 함께 기도할 때 부모 자신들의 언어로 기도하고 자녀는 수동적으로 듣고 '아멘'만을 외치도록 하는 경우가 많다. 베갯머리 기도는 하루를 마치고 하나님께 나의 삶을 나누고, 한 개인의 전인적 안정을 찾으며, 감사와 영광을 드리는 과정이다. 이때 영유아기 기도는 구체적 일상이 되어야 한다. "하나님한테 뭘 얘기하고 싶지? 뭘 고맙다고 할까?"라고 대화하고 아이가 기도문을 만들거나 하고 싶은 말을 하나님께 드릴 수 있도록 해야 한다. 마음이 담기고 삶이 담긴 기도를 어린 시기부터 하게 된다면, 평생을 살아가면서 모든 순간 하나님을 찾는 삶의 양식을 얻게 된다. 큰 소리로 기도하기, 조용히 묵상하기, 함께 돌아가면서 기도하기 등의 영유아에게 맞는 방법들로 하나님과 영적 대화를 하는 시간을 행복하게 느끼도록 할 필요가 있다. 잘못한 것, 기뻤던 것과 감사한 것들, 무섭거나 힘든 것을 하나님께 얘기하면서 용서받고, 감사하고, 소망하는 기도의 훈련이 필요하다.

> **엄마:** "준아, 오늘은 하나님과 무슨 기도를 할까?"
> "오늘 준이가 유치원에서 비행기 그림 그려온거 엄마는 너무 멋지더라. 멋진 그림 그릴 수 있게 해주셔서 감사 기도할까?"
> **하준:** "엄마, 나는 치타처럼 빠르고 싶어. 치타처럼 빠르게 해달라고 기도할래."
> **엄마:** "그래 우리 그것도 기도하자. 오늘 기도는 엄마가 할까, 아니면 우리 준이가 할래?"

듣고 말하기 : "이야기와 일상을 듣고, 말하자"

언어발달은 듣고 말하는 구어(口語)발달과 읽고 쓰는 문어(文語)발달을 통합적으로 지칭한다. 어린 아이가 말을 배우고 언어가 발달하는 것은 듣고, 말하고, 읽고, 쓰는 과정이 통합적으로 이루진다. 따라서 일상적 맥락에서 자연스럽게 듣기도 하고 말하기도 해야할 뿐 아니라 읽고 쓰는 것으로 이어질 수 있도록 돕는 것이 바람직하다.

언어의 출발이 언제인가? 아이가 출생 이후 나타내는 쿠잉이나 옹알이는 언어라고 명명할 수는 없지만, 언어의 출발 신호임에는 분명하다. 쿠잉이나 옹알이를 통해 세상과 소통하고 자신의 음성적 연습을 해나간다. 이 때 부모나 다른 대상의 적극적 반응은 이후 언어발달에 도움이 될 수 있다. 옹알이는 1세를 전후하여 점차 단일어의 형태로 변하게 되고, 2세를 전후해서 '폭발적 언어 팽창기'라 불릴 정도로 이어문이나 다어문으로 발달하게 된다. 그런데 이런 언어발달의 과정 속에서는 아이의 말을 듣고 기다리는 성인의 반응이 중요하다. 일상적 삶에서의 말을 들어주고, 완전하지 않은 문장이더라도 끝까지 듣고 난 뒤에 완전한 문장으로 반응해주는 관심이 담긴 대화가 이루어져야 할 때이다.

아이의 언어적 변화 과정에서는 부모와 나누는 대화가 중요한 영향을 가진다. 그렇기 때문에 아이들과 나눌 수 있는 이야깃거리가 필요하다. 우리는 종종 아이에게 질문하고, 아이가 답하는 식의 이야기를 대화라고 한다. 이런 식의 접근을 아이들은 대화라고 보지 않고, 단지 따분하고, 귀찮은 요구나 잔소리로 인식하게 된다. 따라서 영유아와 소통될 수 있는 재미있는 이야깃거리가 필요한 것이다. 때로는 옛날 이야기일 수도 있고, 부모의 이야기일 수도 있고, 즉흥적으로 지은 어설픈 이야기일 수도 있다. 그러나 그 이야기는 아이와 성인이 연결되는 줄이 될 수 있다. 여기서 영유아기에 성경그림책이나 성경이야기는 신앙 발달에 중요한 기초이기도 하지만 좋은 언어소통의 도구가 될 수 있다. 성경그림책을 읽어주거나 구두로 이야기를 들려주는 과정은 듣고, 말하고, 읽고, 쓰는 언어발달과 관련하여 유용한 접근이다.

단계	표현	특징
전언어기	울음으로 표현해요	• 외부세계에 신호하는 의사전달 방법
	쿠잉이 나타나요	• '우우' '아아'와 같은 모음으로 이루어진 낮게 울리는 소리
	옹알이를 즐겨요	• 자음과 모음을 합쳐서 내는 소리로 일종의 음성적 놀이 또는 연습 • 2개월~6개월경 전후: 단순한 자음과 모음의 조합으로 '마마마' '바바바'와 같은 아기 젖을 빠는 모양과 가장 가까운 순음이 가장 먼저 나타남 • 6~7개월경 전후: 자기가 낸 소리에 자극이 되어 반복하여 하게 되는 자기소리모방이 나타남 • 8~9개월경 전후: 성인의 소리를 메아리처럼 그대로 모방하려는 반향음 내기 경향이 나타남
언어기	일어문으로 소통해요	• 한 단어로 자신의 의사를 전달하는 시기 • 10-13개월경 전후: 명사나 형용사 한 단어가 나타남 • 14~15개월경 전후: 베이비싸인(baby sign)이 나타남 • 한 단어가 문장의 역할을 하게 됨
	이어문으로 전달해요	• 1살 반에서 2살 경 두세 단어가 결합된 전보식 언어를 사용하게 됨 • 어휘가 폭발적으로 증가하게 되어져서 13-15개월 경 12개 정도이던 어휘가 22-24개월 경 200~300개로 증가함 • 과잉확대현상(overextension): 표현단어가 성인의 참조범위 이상으로 확장 적용되는 현상이 나타남(예. 동물은 모두 멍멍이) • 과잉축소현상(underextension): 단어를 사용할 때 그 의미를 지나치게 국한시켜 사용함(예. 장미만 꽃)
	다어문으로 확장되어요	• 3개 이상의 단어를 조합하여 완전한 문장으로 나타내고자 하는 시기 • 유아의 경우 2세경을 전후하여 200-300개 정도이던 단어수가 5세경에는 2500개 정도의 단어를 습득하는 언어 민감기의 특성을 보임

읽고 쓰기 : "마음과 생각을 읽고 쓰자"

아이는 자신의 생각을 표현하는 다양한 상징을 찾는다. 때로는 말하기를 통해 표현하지만 때로는 다른 표현의 형태를 찾는다. 손쉬운 방법으로 그림이나 놀이 속에서 이런 생각들이 드러나게 된다. 처음에는 그림으로 자신이 표현하고 싶은 것을 담아낸다. 그러다 차츰 그림과 글자가 다름을 알게 되면서, 자신은 글을 읽지 못하지만 글자를 읽을 수 있는 대상에게 그림책을 읽어달라고 한다. 이럴 때 글자와 그림이 다름을 알아가는 것도 언어발달의 초기 과정이기도 하다. 예를 들어 '이 이야기는 글자가 많구나… 엄마가 많이 읽어야겠다.'라는 식으로 글자를 읽고 있음을 암시하게 된다. 때로는 글자 형태나 모양에 관심을 가지도록 해줄 수도 있다. 어떤 경우에는 글자를 써 볼 수 있도록 해 주기도 한다. 가정에서 감사헌금을 할 때 자녀를 대신해서 부모가 감사의 내용을 어른의 문장으로 써버리는 경우가 대부분이다. 이때 아이에게 뭐라고 쓸지를 물어보고, 자녀가 하는 말을 그대로 적어주고, 읽어주는 과정을 시도해볼 수 있다. 물론 자녀가 긁적거리기 수준으로라도 글자를 써 볼 수 있는 기회를 주는 것도 의미가 있다.

표현	특징
책읽기와 쓰기에 관심 가져요	• 6개월경을 전후하여 책읽기에 관심을 보이고 반응을 보임 • 12개월경을 전후하여 책읽기에 소리나 말로 반응을 함 • 12개월경을 전후하여 쓰기도구에 대한 탐색이 구체화 됨
책읽기와 쓰기에 적극적으로 반응해요	• 15개월경을 전후하여 책읽기에 '뭐야?'나 단어 이름 등으로 반응함 • 18개월경을 전후하여 긁적거리기 형태로 의도적 수직선 그리기가 시작 됨 • 19개월경 전후로 긁적거리기 형태의 의도적 수평선 그리기가 나타남 • 20개월경 전후에는 우연히 원형 자국을 만들게 됨 • 긁적거리기나 단순한 도형이 출현하게 됨

의사소통과 상호작용 : "다양한 방법으로 언어적 소통을 하자"

언어란 인간이 가지는 사상이나 감정 등을 표현하는 수단이라는 측면에서 볼 때, 인지적 해석이나 이해를 가질 수 있는 도구적 역할을 하게 된다. 그렇다면 하나님이 창조한 세상과 그 속에서의 다양한 사유가 가능할 수 있도록 하고 이를 통해 언어적 생활을 풀어갈 수 있어야 한다. 유아가 자연 속에서 느끼고, 감탄하고, 대화하는 일련의 과정은 이러한 측면에서 인지 발달과 언어발달로 연결된다.

예수님은 가르침의 방법에 있어서 다양한 수사법이 사용되었음을 알 수 있다. 유아기의 언어생활은 하나님 말씀의 은유적이고 직유적 표현 등을 포함할 수 있다. 유아기는 모든 대상이 살아있다고 느끼는 특성이 있기 때문에 다양한 언어적 유희와 동화, 음악 등이 소통의 통로로 유용하다. 언어소통의 교육은 언어적 발달을 포함하는 생활로서 하나님과의 대화, 다양한 언어적 방법을 통한 가르침의 과정을 동반한다. 어린 아이는 부모와 의사소통하고, 또래와 이야기를 주고 받고, 자연물과 놀이로 대화하는 모든 상호작용의 순간을 통해 자라간다.

"여호와 하나님이 흙으로 각종 들짐승과 공중의 각종 새를 지으시고 아담이 무엇이라고 부르나 보시려고 그것들을 그에게로 이끌어 가시니 아담이 각 생물을 부르는 것이 곧 그 이름이 되었더라(창세기 2장 19절)

하나님은 각종 피조물을 지으시고 아담에게 그 이름을 무엇이라 부르나 보시고, 그 부르는 것이 그 이름이 되도록 하셨다. 일방적이지 않은 관계, 묻고 대답하는 교류, 공감과 소통은 교육적 접근에서 매우 중요한 방법이다. 우리는 교육적 실행 전략 중에서 '언어적 상호작용'을 매우 강조한다. 우리는 하나님과 기도로, 말로 관계하고 다가갈 수 있다. 그 다가섬의 축복인 기도는 하나님과의 긴급 소통 창구라고 할 수 있겠다.

자녀의 관계성을 바라보며

1.
자녀와 나,
지금 어디에 있나요?

아이는 싸우면서 큰다. 어릴 적 골목에서 친구들이랑, 형제자매랑 싸우고 엉엉 울면서 집으로 들어오면 달래주는 엄마의 품이 우주 같았다. 아이는 그렇게 큰다. 그렇게 관계하고, 갈등하고, 다시 긍정적 관계를 맺는 법을 배워가면서 큰다. 흔히들 이러한 타자와의 상호작용의 능력이나 관계 형성의 능력을 '사회성'이라고 한다. 아이들은 자라면서 또래나 타인과의 사회적 관계를 어떻게 하면 잘 맺어가는가를 배우게 된다. 그 가운데 자녀와 부모는 사회성 발달의 큰 길로 향하는 작은 발걸음을 함께 걷게 된다.

심심한 일상 : "나 외로워요"

저출산의 사회적 풍토는 기독교가정도 예외는 아니다. 저출산은 사회적 문제만이 아니라 한 가정에서 자녀에게 형제가 없다는 현상으로 이어진다.

최근 뉴스에서 고가의 영유아용품 판매가 급증하는 현상은 저출산의 문제와 무관하지 않을 수 있다는 주장을 본 적이 있다. 한 아이에게 연결되어 있는 어른이 부모뿐 아니라 조부모, 외조부모를 포함하여 거의 6명이 되는 것이다. 6명이 한 아이에게 무언가를 해 주기 때문에 아낌없는 선물 풍토가 늘어난다는 것이다. 이러한 현상 속에 살아가는 영유아는 정작 형제가 없이 바쁜 부모와 살아가는 현실에 놓여있다.

형제 수가 적고 핵가족화된 가정에서 살아가는 영유아는 함께 놀 수 있는 형제와 가족 구성원이 없기 때문에 생기는 외로움에 직면해있다. 그래서 더욱 심심하고 외롭게 느낀다. 이러한 외로움은 결국 부모에게 지속적 신호를 보낸다. 심심하다고, 재미없다고 신호를 보내기 때문에 부모는 더 힘들어진다.

나와 너의 갈등 : "싸우고 화날 때는 어떻게 해야 하나요?"

인간은 서로 갈등하면서 살아간다. 갈등(葛藤)이란 칡과 등나무라는 뜻의 어원으로 서로 복잡하게 얽힘을 뜻한다. 즉 개인이나 집단에서 서로 충돌하거나 적대시하는 현상을 일컫는 말이다. 물론 인간이 가지는 개인 내의 심리적 갈등을 나타내는 내적 갈등도 있지만 사회적 성장 과정에서 인간들 사이에서 나타내는 외적 갈등은 한 개인의 사회적 성장에서 중요한 의미를 지닌다. 이러한 갈등은 어떻게 나타나는가?

아담과 그의 아내가 선악을 알게 하는 나무의 열매를 먹고 난 뒤 아담이 자신의 죄를 '하나님이 주셔서 나와 함께 있게 하신 여자'에게 돌림으로 인해 책임을 하나님과 여자에게 돌리고 있는 것처럼 인간관계에서는 수없는 갈등과 회피가 나타난다. 또한 갈등은 분노와 죄의 행동으로 연결된다. 인간은 개인 간, 집단 간, 국가 간의 끊임없는 갈등 속에서 살아가고 있다.

인간은 삶의 가운데 서로 다른 견해나 이해에 기초하여 내적으로나 외적으로 갈등이라는 본성적 현상을 안고 산다. 이러한 갈등의 기저에는 다른 입장이나 견해가 있다는 것이고, 이것이 적절한 관계로 서로 연결되는 것이 아니라 상충하거나 충돌하는 현상이 내포되어 있다. 즉 개인 내의 심리적 현상에서 나타나는 갈등이건 인간들 간에 나타나는 갈등이건 갈등은 관계와 화합의 반대적 성향으로 인간의 개인 발달에 있어서 분명히 존재하는 내적 성향임에 틀림이 없다.

그런데 이러한 본성은 어린 영유아기에도 있다는 것이다. 갈등에 대한 논의는 심리적으로 인간 발달의 과정에서 다양한 형태로 있어왔다. 피아제(Piaget, 1929)의 경우 도식과 경험의 만남에서 가지는 불평형의 과정에서 인지적 갈등을 제시하기도 하였고, 프로이드(Freud, 1985)는 성에너지(Libido)가 가지는 발달적 현상들이 사회적 풍습과의 충돌 속에서 나타나는 현상으로 설명하기도 하였다. 레빈(Lewin, 1938)은 두 개 이상의 플러스 요인인 유의성이 서로 동시에 반대방향으로 작용할 때 생기는 현상으로 설명하기도 하였다. 이러한 개인 내의 심리적 갈등은 인간의 성장발달의 한 과정으로 볼 수 있지만 이것이 개인 간의 문제로 나타나는 갈등은 충돌과 분열 현상으로 이어질 수 있다.

즉 인간 내부에서 나타나는 갈등은 때로는 인지적 균형으로 나아가는 징검다리 역할을 하기도 하지만 잘 처리되지 못했을 경우 성격에 부정적 영향을 미칠 수도 있다. 마찬가지로 외적 갈등에 있어서도 인간들 사이에서 나타나는 갈등을 원만하게 조절하면서 서로 다른 두 가지 이상의 의견이나 견해를 적절히 중재하거나 조화를 갖게 된다면 더욱 성숙한 사회관계로 이어질 수 있다. 그러나 만약 이러한 갈등본성이 바람직한 관계성 정립에 기반하지 못한다면 궁극적으로 해결되지 않는 갈등으로 남게 된다. 즉 자신의 죄를 깨닫고, 그 속에서 하나님의 은혜와 사랑 안에서 절제와 관계적 재정립을 할 필요가 있다. 그래서 싸우고 화날 때 나의 선과 의로 문제를 해결할 수 없음을 깨닫고, 양보하고 함께 관계를 조절하는 노력들이 필요하다.

우리는 흔히들 아이들은 많이 싸우면서 큰다고들 한다. 싸우면서 큰다는 말은 싸우면서 자신의 문제, 타인의 문제를 깨닫게 된다. 그 가운데 죄의 본질을 깨닫고, '서로 사랑하라'는 은혜의 본질에서 궁극적인 나와 너의 갈등 해결 방법을 찾을 수 있을 것이다.

2.
사회성 발달의 걸음을 이해해요

사회성은 한 인간이 사회에서의 적응성을 발달시켜 나가는 것을 지칭하는 것으로 사회생활을 하려고 하는 인간의 근본 성질에 근거하여 나타난다. 일반적으로 이러한 사회성은 사회의 적응과 대인관계 등을 포함한다. 이러한 능력은 사회에 대해 책임을 지는 능력으로서 개인의 발달 과정에서 나타나는 것으로 특히 개인의 사회적 관계 속에서 형성되는 것이다. 일반적으로 이러한 사회성은 나에 대한 이해, 타인에 대한 이해, 타인과의 관계 등을 포함하는 개념이다.

자아의 발달 : "나는 누구인가요?"

아이는 나와 타인을 구분하지 못하다가 차츰 나라는 존재를 타인과 구분하기 시작하면서 자아의 개념이 발달해간다. 보통 3개월경 이후 다른 사람에게 어떤 행동을 하도록 만드는 주체인 자신을 인식하기는 하지만 12개월 이후에 이러한 인식이 좀 더 나타나기 시작해서 24개월을 전후하여 자기에 대한 개념이 이루어진다고 본다. 특히 2세경 이후가 되면 씻고 옷을 입는다든지, 밥을 먹는 것과 같은 '자조기술(self help skil)'이 발달하게 된다. 그러면서 아주 큰 사회적 과업에 직면하게 된다.

바로 '대소변 가리기'이다. 이 때 내가 가지는 본능적 쾌락이나 욕구를 스스로 통제하고 조절하며, 이를 통해 사회적 격려와 인정을 받는 경험을 하게 된다. 이 때 자신이 스스로 성공적인 그 무언가를 했다고 느낀다면 자신에 대한 신뢰를 바탕으로 한 자아존중감이 생겨나게 된다. 이제 이런 경험과 사회적 과업을 수행해 나가면서 아이에게는 새로운 세계가 열리게 된다.

어느 순간 우리 아이는 '내가'라는 표현이 늘기 시작할 것이다. '내가'의 계절이라고 볼 수 있는 이 시기에는 무엇이든지 자신이 해 보겠다고 우기기도 하고, 실수를 하지만 여러 가지의 시도들을 하게 된다. 이럴 경우, 부모나 성인의 인정은 자아를 인식하는 디딤돌이 될 수 있으며, 자신이 다른 존재와 달리 의미 있는 존재로 인식되도록 하는데 도움이 된다. '너는 하나님이 만드신 최고의 걸작품이니깐 할 수 있을거야'라는 응원 한 마디는 영유아에게 치어리더의 환호성과 같이 내면으로 내달려 의미 있는 자국을 남기게 될 것이다.

3세 이후에는 자신의 신체적 특성이나 소유를 표현하게 된다. 예를 들어 '나는 그거 좋아하는데', '그건 내 거야', '나 키 크지?' 등의 표현을 하게 된다. 타인과는 상대적으로 다른 자신을 이해하게 된다. 이 시기부터는 특별한 존재로서, 사랑받는 존재로서의 자신을 인식하게 되는 시기이다. 하나님이 다른 사람과 구별되게 만든 특별한 나에 대한 꾸준한 피드백이 필요한 시기이기도 하다. 물론 아직은 내면적 특성에 대한 인식이 아닌 물리적 특성에 대한 인식에 기초하여 자아개념을 가지게 된다. 그렇기 때문에 구체적으로 자녀와 이야기하는 시간을 자주 가진다면, 아이는 자신을 이해하고 존중할 수 있는 힘을 갖게 된다.

자아존중감 형성에는 한 개인이 주변 인물들에게서부터 사랑이나 인정을 받고 있다고 느끼느냐가 중요하다. 물론 자신의 성공적 성취 경험이나 이를 통한 자신의 영향력에 대한 인식도 중요하지만 말이다. 따라서 자아존중감은 부모나 주변의 타인이 영유아를 바라보는 따뜻한 시선이 필수적이다. 너는 특별하고, 너는 사랑스러운 아이라는 것을 표현해주어야 한다. 단 여기에서 영유아가 느끼는 방식은 언어적인 것으로는 부족하며, 오히려 사랑받고 있음을 느낄 수 있는 스킨십을 동반한 것일수록 그 효과가 크다. 그럼에도 불구하고 사람이 사람에게 주는 사랑이나 인정은 한계가 있는 것이다. 영유아가 느끼기에 더 확실하고 큰 존재인 하나님이 자신을 특별하게 인정하고 사랑하고 지켜준다는 사실은 자아존중감을 형성하는 가장 확실한 토대가 될 수 있다.

인간의 창조는 호흡과 더불어 살아가도록 이루어졌다. 인간은 호흡을 멈추면 살 수 없는 존재이다. 사회생활은 하나님과의 소통을 기초로 하여 사람과 자연의 관계를 실천하는 교육을 포함해야 한다. 하나님과 대화하고, 하나님께 찬양하며, 문제를 내어놓고 나아가는 경험을 어린 시기부터 가져야 한다. 아이가 화가 나거나 기쁠 때에 완전한 대상이신 하나님께 의지하고, 관계하면서 자기자신의 정체성을 깨달아가게 된다.

영유아기는 추상적 성질로 자신이나 타인을 이해하기는 어려운 시기이다. "우리 ○○는 하나님이 특별하게 만들어서 이렇게 눈이 반짝반짝하네"라든가 "○○ 손가락 하나님이 어떻게 만드셨나? 세어볼까?"라는 등의 물리적이거나 구체적 사실에 근거하여 자신을 돌아보고 존중감을 가질 수 있도록 도와야 한다.

관계성의 발달 : "서로 관계를 맺어요"

아이가 타인과 함께 살아가는 길에서는 갈등과 관계의 수많은 경험을 하게 된다. 갈등이나 관계적 문제를 넘어 사회적 능력이나 기술을 발달시켜나가기 위해서는 무엇보다 관계성의 바른 발달을 이해하고 지원할 필요가 있다. 부버(Buber,1987)는 참다운 삶은 자연과 더불어 사는 삶의 관계, 사람과 더불어 사는 삶의 관계, 정신적 존재와 더불어 사는 삶의 관계가 중요함을 제시하며 '만남'이라는 개념을 통해 관계의 의지를 회복해야 한다고 하였다.

관계성의 본질은 하나님과의 관계에서 시작한다. 하나님이 인간을 창조하실 때 하나님의 형상을 따라 창조하셨고, 심히 좋아하셨다. 하나님이 보시기에 좋아하던 인간은 하나님과 본질적으로 이어져있었다. 관계성이라는 것은 둘 또는 그 이상의 대상들이 서로 연결되어 있는 성질이라고 정의할 수 있다. 그런데 이러한 관계성은 하나님의 창조 가운데 있었음을 알 수 있다. 하나님이 천지를 창조하시고 보시기 좋았을 때에도 창조 가운데는 관계성이 있었고, 하나님이 자신의 형상을 따라 인간을 지으실 때도 관계성이 있었다. 인간은 하나님과의 관계에 근거하여 지음을 받았고, 하나님을 닮은 인간의 내면에는 하나님과 연결되어 있고자 하는 성향이 본성으로 존재한다. 이러한 관계 본능이 의식의 유무와 상관없이 존재하기 때문에 영적 존재를 끊임없이 찾고, 대상과의 관계를 맺고자 하는 경향을 갖고 있는 것이다.

아이는 부모와의 관계성 속에 태어났다. 하나님은 인간에게 출산의 고통을 통해 한 가정에서 생을 출발하게 하였다. 인간이 혼자 있지 아니하고 함께 관계토록 지어졌다. 여자와 남자, 가족, 부모와 자녀, 이웃과 이웃, 세계와 세계의 관계의 맥락 속에 살아가는 것이다. 갓 태어난 신생아가 어미를 찾고, 젖을 찾고, 자신이 의지할 대상을 찾고 그 품에서 평안을 느끼는 것은 대상과의 관계를 추구하는 본능적 행위이다. 이러한 관계본능을 제대로 형성하는 과정을 통해 적절한 사회적 성장을 이루어나간다.

또한 하나님은 자연을 창조하셨고, 우리는 그 창조세계의 청지기적 사명을 부여받았다. 생태적 세계에 대한 책무성을 강조하는 것도 인간의 본연의 의무이기 때문이다. 인간에게 주어진 청지기적 사명은 결국 하나님 앞에서 우리가 가지는 자연과 생명에 대한 자세를 되돌아보게 한다. 최근 '지속가능발전'이라는 시대적 과제는 하나님의 자녀로서 삶의 자세를 다시금 생각하게 하는 화두이다.

3.
관계성 교육으로 나아가요

아이는 자라면서 수많은 만남을 갖게 된다. 부모, 친구, 사회와의 관계를 어떻게 맺느냐는 삶의 방식을 바꾸게 하기도 한다. 그러나 이 모든 관계의 중심에는 우리 자녀가 하나님과 어떤 관계를 맺도록 돕느냐 하는 관계성 교육의 문제가 자리잡고 있다.

하나님과의 관계성 : "하나님은 나를 사랑해요"

하나님과의 관계는 인간 존재의 이유이자 인간에게 가장 중요한 관계성이다. 한 인간이 자신에 대한 정체성을 확립하고, 타인과의 바람직한 관계를 맺어가기 위해서는 창조주와의 관계 세움이 선행되어야 한다.

코메니우스 (Comenius, 1987)는 '어머니의 배', '지구' 그리고 '하늘나라'라는 3중의 거처가 있으며, 본질적으로 영원을 위한 준비를 하는 것이 생의 목표가 되는 것이라고 말한다. 영원을 위해 자기 자신과 세계의 모든 것을 아는 것, 자기 자신을 다스리는 것, 하나님을 향하여 나아가도록 하는 것의 준비가 있어야 한다는 것이다. 하나님과의 관계는 단지 이 땅에서 살아가는 차원의 문제를 넘어서서 하늘나라의 영원한 생으로 이어지는 관계이다.

아이가 태어나서 생의 발걸음을 내딛는 그 순간부터 하나님을 알고 관계하는 삶의 습관을 이루어가야 한다. 하나님과 대화하고 찾는 습관은 부모를 통해 형성되어져 간다. 하루를 시작하는 순간부터 하루를 정리하는 베갯머리까지 하나님을 찾는 영유아로 자랄 수 있도록 돕는 것이 진정한 사회성 발달을 향한 길이 된다.

자신을 사랑하고 있다는 하나님의 존재에 대한 만남과 신뢰가 필요하다. 영유아는 하나님의 존재에 대해 일반적으로 다양한 궁금증을 가진다. '하나님은 왜 안 보여요?', '하나님은 어디 있어요?', '하나님은 힘이 세요?' 등의 질문을 쏟아놓을 수 있다. 이 때 부모나 교사는 회피할 것이 아니라 적극적으로 대화해주는 것이 필요하다. 아빠와 엄마를 만드신 하나님, 자녀를 만드신 하나님, 그리고 우리를 사랑하시는 하나님, 어디에나 계시면서 무엇이든 하실 수 있는 가장 멋진 친구이신 하나님을 만날 수 있도록 도와야 한다. 영유아에게 있어서 하나님은 추상적 개념으로 존재하기 보다는 구체적 사실이나 현상 속에서 이해할 수 있다.

> "엄마, 하나님이 아빠 만드셨어?"라고 묻는 아이에게 하나님은 아빠보다도 힘이 세고, 큰 존재로 다가오기도 한다. "엄마, 그럼 우리 집도 하나님이 만드셨어?", "아니, 집은 사람이 만들었지", "아니야, 집도 하나님이 만드셨어"라고 인상을 찡그린다. "그래, 사람이 하나님을 닮아서 집도 만들 수 있는 똑똑함을 주셨지. 그러니깐 하나님이 만드신 것 맞구나."

부모와의 관계성 : "아빠, 엄마랑 같이 해요"

'부모는 자식의 거울이다'라는 말을 흔히들 한다. 이 말 속에는 여러 가지 뜻을 함축하고 있다. 부모의 행동을 자녀들이 모방한다는 뜻도 있고, 자녀에게 있어서 부모는 자신을 알아가는 또 하나의 세상이라는 의미도 포함할 수 있다. 이처럼 부모와 자녀들과의 관계는 한 개인의 성장에 있어서 무엇보다도 중요하다.

특히 자녀가 자신과 세상을 알고 느끼는 통로이기도 한 것이 부모이다. 부모와의 관계 속에서 자신에 대한 자존감이 생기고, 세상에 대한 신뢰감이 형성되기도 하고 불신과 혼란이 오기도 하는 것이다. 따라서 그 어떤 시기보다 영유아기 부모와의 관계는 한 아이의 적절한 사회생활의 원천이 되는 것이다. 영유아기 사회성 발달에 영향을 미치는 행동에는 감정표현, 접촉추구 행동, 놀이 행동 등을 살펴볼 수 있다. 영유아가 나타내는 웃음, 울음 등의 다양한 표현행동이나 정서적 안정감을 주는 접촉 추구 행동 등에 있어서 주 양육자나 부모와의 적극적 반응과 수용이 관계 형성에 중요한 영향을 미칠 뿐 아니라 사회적 관계에 중요한기초로 작용한다. 따라서 사회성 발달에 있어서 젖을 물리고, 품고 안아 주고, 눈을 맞추어서 이야기해주고, 그 눈을 통해 세상을 볼 수 있게 하는 가장 기본적인 것들이 어쩌면 가장 중요한 것일 수 있다.

부모들이 자녀에게 흔히 하는 관계라는 것들에 모순이 있음을 기억해야 한다. "오늘 유치원에서 뭐 먹었니? 오늘 유치원에서 친구들하고 안 싸웠니?"라고 꼬치꼬치 물어대면서 관계를 해 나간다고 착각한다. 어른들은 만약 집에 왔는데 배우자가 "오늘 점심 뭐 먹었어요? 오늘 다른 사람들과 싸

우진 않았나요?"라고 물어댄다면 신나게 대답할 마음이 생기겠는가? 대화는 질문을 퍼붓는 것이 아니라 자신의 얘기와 타인의 얘기가 서로 주고받음이 있어야 한다. 자녀에게 질문 공세를 하기 전에 엄마와 아빠의 이야기를 할 수 있고, 우리 가족의 공통 관심사에서 출발해서 궁금한 것이 자연스럽게 대화로 이어질 수 있도록 하는 자세가 필요하다. 이러한 과정을 통해 부모와 자녀는 소통이 있어야 하며, 그 소통은 영유아를 행복하게 만든다. 소통은 때로는 스킨십으로, 때로는 속삭임으로, 때로는 따뜻한 눈빛으로 하는 것이다. 하나님은 아이들에겐 무서운 것으로부터 지켜주시기도 하고, 돌봐주시는 창조자이자 친구인 것이다. 그렇지만 이런 하나님을 때때로 아빠, 엄마의 찬양소리나 따뜻한 품을 통해 만나게 되는 것이 영유아이다.

천둥이 칠 때 깜짝 놀란 아이를 품에 안고 "무섭니? 놀라지 않아도 돼. 엄마는 우리 아가 안고 있고, 엄마는 하나님이 지금 안고 계시거든. 그러니깐 우리 아가도 하나님이 안고 지켜주시고 계셔. 어때? 따뜻하지?"라고 다독일 때 영유아에게 침착한 인성도 신앙도 돌보아지는 것이다.

친구와의 관계성 : "친구야, 놀자"

어린 아이의 시기에는 또래나 형제자매와의 관계성을 통해 사회성을 형성하게 된다. 과거 형제자매가 많았을 때는 형제자매 간의 놀이나 삶을 통해 사회성을 길렀다. 그러나 이제 자녀수가 줄어들고, 이로 인해 아이들이 함께 관계 맺는 법을 배울 대상이 없어졌다.

아이가 사회성을 형성할 수 있는 또래나 형제자매 간의 관계는 놀이 속에서 펼쳐질 수 있다. 이 때 놀이는 혼자 놀이, 대물 간의 놀이, 대인 간의 놀이 등의 다양한 형태가 있을 수 있다. 아이들은 처음에는 혼자서 놀다가 차츰 또래 친구들 곁에서 놀이를 즐기게 되고, 서로의 역할을 분담해서 협동 놀이를 하게 되면서 사회적 능력이나 사회적 기술이 발달하게 된다. 형제 수가 많던 시절에는 가정에서부터 골목이나 마을로 이어지면서 또래 놀이가 자발적으로 생성되었고, 자연스럽게 사회성도 발달하였다. 형제 수가 적고, 또래와의 삶을 나누는 공동체가 없다는 것은 사회성 발달에 있어서는 커다란 한계가 될 수 있다. 따라서 친구와 놀이가 있을 수 있는 공동체와 또래 문화가 절실하다.

공동체와의 관계성 : "함께 키워요"

결국 가정, 또래친구와의 관계는 더 큰 마을공동체나 학교공동체 등으로 이어지게 된다. 사회성 발달은 어울림의 공동체적 삶을 통해 이루어질 수 있다. 즉 부모, 또래, 지역사회나 사회적 집단과의 관계성에 기초한 맥락 가운데서 아이들의 사회성이 자랄 수 있다. 아이가 직접 부모나 또래와 관계하는 것 이상으로 부모가 다른 사람과의 관계를 맺고 더불어 살아가는 모습을 보면서 사회적 관계를 배우게 된다.

아이가 직접적 관계를 맺는 자신, 부모, 또래, 사회, 자연과의 관계 이해나 기술뿐 아니라 아빠와 엄마 간, 부모와 친인척 간, 가정과 가정 간, 집단과 집단 간의 관계의 경험은 영유아기 사회성 발달에 많은 영향을 미칠 수 있다. 특히 교회공동체 간의 관계 맺기는 결국 하나님과의 관계 회복에 근거하여 사람을 사랑하고, 자연을 보살피는 어울림의 삶으로 나아갈 수 있도록 할 것이다.

관계성 발달의 자가 진단	
나와의 관계	• 하나님의 형상으로서 나의 가치를 알고 있는가? • 자신이 죄인임을 고백하고 자신의 잘못된 삶의 습관을 되돌아보고 있는가? • 나의 완전한 변화를 위해 예수 그리스도가 필요함을 알고 의지하고 있는가?
부모와의 관계	• 부모와의 관계를 통해 신뢰를 형성하고, 자존감을 형성하고 있는가? • 부모와 가족 속에서 성개념과 성역할을 형성하고 있는가? • 도덕적 판단과 도덕적 행동을 할 수 있는 관계 토대를 형성하고 있는가?
또래와의 관계	• 또래와의 놀이나 관계 행동에서 친사회적 행동을 형성하고 있는가? • 또래와의 관계 속에서 적절한 관계맺기를 이루고 있는가? • 반사회적 행동인 공격성을 적절하게 조절할 수 있는가? • 또래 간 갈등을 적절하게 조절할 수 있는가?
사회와 자연과의 관계	• 창조세계의 청지기적 사명을 생각하고 살고 있는가? • 생명을 소중히 여기는 삶의 자세를 갖추고 있는가? • 돌봄과 봉사의 삶을 공동체 속에서 실천하고 있는가?

4.
건강과 움직임을 돌보며 살아요

끊임없이 움직이는 영유아를 보면 경이롭기까지 하다. 땀에 젖어 뛰어노는 아이들의 재잘거림에 창조의 아름다움을 느낀다. 우리 자녀가 건강하게 자라기 위해 어떤 육아의 실천이 필요할까?

움직임이 있는 생활 : "우리 아가! 땀 흘리며 놀자"

아이는 쉴 새 없이 움직인다. 아장아장 발을 내딛기 시작하면서 아이는 늘 '밖으로 밖으로' 향한다. 그리고 밖으로 나가면 무작정 걷는다. 무작정 뛰고 움직이는 아이들의 에너지를 보면 놀라운 생명력을 발견하게 된다. 아이들의 본성은 에덴동산에서 아담과 하와가 뛰놀며 행복했던 그 모습처럼 마냥 뛰어놀기를 좋아한다. 땀에 흠뻑 젖어서 뛰어노는 아이들의 움직임에는 역동적 힘이 있다. 오감각을 동원하여, 대근육과 소근육을 모두 활용하면서 일상 속에서 끊임없이 움직이는 그 시간이 세상을 배우고, 자신을 변화시켜 가는 순간이다.

영유아기는 신체적 성장의 민감기라고 볼 수 있다. 신생아기에 목을 가누 기조차 힘들던 아이가 걷고 뛸 수 있고 심지어 젓가락을 잡고 혼자서 밥을 먹는 때까지는 만2년에서 3년 정도가 걸린다. 물론 그 정교한 발달까지 본다면 만5세까지 이르고 이후 학령기에도 지속적 변화가 있지만 말이다. 아이가 신체적으로 성장하는 터전은 땅을 밟고 움직이는 삶 속에서 이루어진다.

표현	특징
1세(첫돌) 전후	• 잡아주면 걷는다. • 잡고 일어날 수 있고, 걷기를 준비한다. • 엄지손가락과 집게손가락을 사용하게 된다. • 물체를 잡거나 모자를 벗는 등의 소근육 움직임이 있다.
2세경 전후	• 계단을 기어오르고, 혼자 잘 걷는다. • 숟가락을 사용하고, 옷을 벗는다. • 공을 던지면서 공놀이를 할 수 있다.
3세경 전후	• 2세에서 3세 사이에 배변훈련이 이루어지게 된다. • 세발 자전거를 탈 수 있다. • 긁적거리는 그림을 그리고, 설명할 수 있다.
4-5세경	• 계단 오르내리기에 두 발을 교대로 사용하게 된다. • 옷을 입고, 벗고 하는 일련의 자조기술이 발달된다. • 5세경에는 달리면서 방향을 바꿀 수 있으며, 갑자기 멈추어도 넘어지지 않는다.

하나님은 흙으로 자연을 빚으셨고, 인간도 육체적으로는 흙에서 출발해서 흙으로 돌아가도록 되어 있다. '너는 흙이니 흙으로 돌아갈 것이니라(창 3:19)'라는 말씀처럼 인간은 흙의 터전 속에서 살다가 돌아간다. 영유아기에 건강한 삶을 위한 터전은 흙을 밟고 흙을 가지고 놀 수 있는 환경이라는 것은

틀림이 없다. 최근 생태유아교육이나 숲유치원의 형태는 이러한 측면에서 생명의 본질에 맞는 교육적 실천으로 주목되고 있다. 창세기 3장 9절에 의하면 '네가 흙으로 돌아갈 때까지 얼굴에 땀을 흘려야 먹을 것을 먹으리니'라고 하였다. 즉 인간은 수고하고 땀 흘리는 삶의 과정이 필요하다. 따라서 인간의 건강한 삶은 땀을 흘리고 수고하는 과정을 포함해야 한다. 유아기 교육에 있어서 단지 인지 중심의 교육이 아니라 스스로 움직이고, 땀 흘리고, 자연과 일상 속에 거하는 하나님을 발견하는 능동적 과정이 포함되어야 한다.

건강한 의식주 생활 : "건강한 삶의 관계를 만들어요"

아이의 움직임은 의식주를 포함한 삶 가운데 이루어진다. 아이는 최대한의 생명력을 발휘하기 위해서 자신의 감성과 지각을 연결하여 감각적으로 살아간다. 이러한 생활 속에서 건강하게 살아가도록 돕는 것이 중요하다. 움직임이 가능한 삶을 열어주는 것이 영유아 신체건강교육의 기본이다. 즉 입고, 먹고, 자고, 살아가는 과정에서 영유아의 움직임의 본성을 살필 수 있어야 한다. 의식주를 포함하는 일상에서 아이가 스스로 움직이면서 건강한 삶의 방식을 체득해나갈 것이다.

먼저 의생활을 살펴보자. 아이는 움직임이 편한 옷을 입어야 한다. 성인의 감각이나 만들어진 캐릭터에 맞추어진 옷이 아니라 아이가 놀 수 있는 옷을 입혀야 한다. 옛날 어른들은 귀한 아이일수록 다른 건강한 아이들이 입어서 많이 빨았던 배냇저고리를 찾아서 입혔다고 한다. 오히려 그런 옷들은 새옷보다 독성도 적고 부드러워져 있기도 하다. 아이의 옷은 더러워지는 것을 걱정하지 않아도 되고, 많이 움직이고 놀아도 불편하지 않은 옷을 입혀주어야 한다.

다음으로 먹을거리를 한 번 생각해보자. 성장하는 아이에게 먹을거리란 생명줄과도 같다. 성장촉진제나 여러 요인들로 변형된 먹을거리는 그 유해성에 대한 논란들로 늘 뜨겁다. 이러한 논란들이 영유아기의 먹을거리가 유기농으로 먹이길 권장하는 이유이기도 한다. 뿐만 아니라 아이들의 먹을거리를 하나님이 창조하신 원래의 형태로 제공하려는 실천은 땅을 살리고, 먹을거리를 살리려는 농업 현장의 변화를 이끌어내기 위한 작은 노력이기도 하다.

마지막으로 자연의 질서를 포함한 생태적 관계를 살려가는 아이들의 생활 돌봄이 이루어져야 한다. 최근의 삶의 구조 변화는 스마트폰이나 인터넷 중독과 같은 문제를 야기하게 되었고, 이는 영유아기까지 위협하고 있는 실정이다. 백화점에서 만난 한 영아의 모습이 잊어지지 않는다. 고급 유모차에 앉아서 입에는 인공젖꼭지를 물고, 유모차에 달려 있는 스마트폰의 영상을 넋을 잃고 쳐다보던 그 아이의 모습에서 슬픈 미래가 보였다. 인간의 건강한 생활은 자연적 몸의 보살핌을 통해 이루어져야 한다. 하나님이 사람을 지으신 후 어떻게 살게 하셨는지 한 번 생각해 보아야 하지 않을까?

자녀의 마음을 돌보는 자리에서

1.
우리 아이의 마음은 어떨까?

영유아기 정서의 발달은 가정에서 출발한다. 창세기 1장에서 하나님이 만물을 창조하시고 보시기에 좋아하셨다고 한다. 하나님이 기뻐하시고, 좋아하시는 모습은 하나님의 형상을 닮은 인간에게도 나타나는 모습이다. 아이는 사랑하고, 기뻐하고, 좋아한다. 그러나 반면 아이는 슬퍼하고, 화내고, 분노하기도 한다. 우리 아이의 마음은 어떨까? 영유아기의 정서적 특성은 강하고 격렬하며, 일시적이고, 유동적이지만 차츰 학습이나 가정 환경에 의해서 개별화되는 특성을 가진다.

정서 표현 : "세상이 무너지겠네"

아이는 자라면서 감정의 표현도 다양해지고 강렬해진다. 그만큼 울고, 짜증내고, 떼를 쓰는 일도 잦아지게 된다. 이럴 때가 되면 부모는 도대체 우리 아이는 왜 이러냐고 힘겨워하곤 한다. 우리 아이의 감정 기복이 심해지고 자주 울고, 자주 짜증내고, 자주 깔깔거리며 웃는다면 이제 정서의 다양한 분화가 일어나고 있다는 증거일 것이다. 세상 무너지도록 울기도 하고, 하나의 감정도 크고 격렬하게 표현하기도 한다.

그런데 이런 짜증내는 아이의 모습에 힘겨워하다가도 해맑은 함박웃음에 녹아나는 것이 부모의 마음이다. 작은 것 하나에도 그냥 지나치지 않고 반짝이는 눈빛과 정서 하나 하나가 그대로 전달되는 아이들의 순수한 몸짓을 볼 때면 마음이 따뜻해진다. 우리 모두의 유년기를 되돌아보면 짜증내고, 싸우다가도 다시 작은 돌멩이 하나, 풀 한 포기로 깔깔되곤 하지 않았는가! 이러한 정서의 표현은 이제 이 아이의 내면에 여러 감정들이 교차하면서 더 성장하고 있다는 증거일 것이다. 물론 강하고 격렬한 반응에 부모도 덩달아 강렬한 정서를 여과없이 드러내는 것은 위험한 일이다. 내 아이의 격렬한 반응에 호흡을 가다듬고 천천히 반응하고, 공감하며 함께 하고, 일관된 자세로 기다릴 줄 알아야 할 것이다.

정서 변화 : "우리 아이는 변덕쟁이!"

자라가는 영유아기의 자녀들을 보면 절로 변덕쟁이라는 말이 튀어나온다. 방금 전 세상 무너지듯이 울어대던 아이가 깔깔거리는 것을 보면 웃음이 나온다. 이것은 이 시기의 아이들이 가지는 정서 특성이 일시적이고, 유동적이기 때문에 나타나는 현상이다. 자연스런 발달적 특성이라는 말이다. 오히려 한 가지 정서가 변함없이 계속 지속된다면 내적 상황을 점검해 볼 필요가 있다.

우리 아이의 변덕은 더 탄탄한 정서적 조절을 위해 당연히 거쳐야 하는 경험의 경로라고 볼 수 있다. 다양한 정서를 있는 그대로 바라봐주고, 인정해주는 것이 필요하다. 슬프면 슬픈 감정을 이해해주고, 기쁘면 기쁜 감정을 함께 공감해주는 든든한 부모라는 대상이 아이와 마주하고 있다면 충분히 내 자녀의 마음은 단단하게 자라갈 것이다.

정서 발달 : "우리 아이가 달라졌어요"

우리는 흔히들 영유아기를 발달의 민감기라고 한다. 정서발달에 있어서도 아이는 다양한 정서가 분화되고 발달을 경험하게 되는 시기이다. 태어나서 영유아기를 거치면서 얼마나 많이 성장하고 변화하게 되는가를 보면 경이롭기까지 하다. 때로 그 모습에서 하나님의 형상을 발견하곤 한다.

그렇지만 바쁜 부모와 경직된 일상 속에서 아이들은 많이 아파하고, 외롭고, 불안하기까지도 하다. 특히 최근 가정의 구조 다양화나 갈등 양상들이 아이들의 정서에도 긍정적, 부정적으로 영향을 미치게 된다. 이런 가운데 우리 아이가 자신의 정서를 발달시키면서도 부정적 정서를 어떻게 조절할 수 있는가가 중요하다. 우리는 결국 타락한 존재로서의 아픔을 안고 있다. 우리는 모두 죄의 본성을 가진 인간이기 때문에 때로는 부정적 정서가 심리적으로든 행위적으로든 부정적 현상으로 나타나게 되는 것이다. 결국 정서 발달을 이루어가는 과정에서 궁극적으로 스스로를 되돌아볼 수 있고, 예수님의 사랑을 품을 수 있고, 그래서 그 사랑에 자신의 마음을 조절하고 견고하게 나갈 수 있다. 이러한 길을 걷도록 돕는 것이 우리 아이가 달라질 수 있는 최선의 길이다.

영유아기 기본 정서의 발달

출생–1세경	• 생후 외부 세계와 전혀 관계없는 배냇미소를 보임 • 2–3개월경 사회적 미소와 큰 웃음의 표현이 나타남 • 요구가 거절되거나 행동의 방해가 발생하면 분노의 정서가 나타남 • 생후 1년까지 낯선 사람, 장소, 소리 등에 공포를 느낌 • 1년 전후로 보호자와의 격리에 공포를 느끼는 분리불안이 나타남
2–3세경	• 2세 전후로 어두움, 특정 대상이나 동물 등에 공포가 확대됨 • 2–3세 경 차츰 받는 정서에서 주는 정서가 발달해감 • 2–4세경 이차 정서인 질투가 나타남
4–5세경	• 애정은 사람, 동식물, 사물 등으로 다양하게 나타남 • 3세경 이후로는 언어가 발달함에 따라 기쁨을 말로 표현함 • 2–3세경 화를 내거나 짜증을 내던 것이 이후 분노표출의 방식으로 반항적 행위로 나타남 • 질투는 공격 반응이나 퇴행적 행동으로 나타나기도 함 • 호기심의 발달로 '왜'라는 질문이 많아짐

2.
정서적 발달의 걸음을 이해해요

영유아기의 정서는 쾌나 불쾌의 현상에서 다양한 정서로 분화되어간다. 기분이 좋다거나 기쁘다는 쾌의 정서는 애정과 즐거움으로 분화되어 가고, 싫고 아프다고 느끼는 불쾌의 정서는 혐오나 공포, 분노 등으로 분화되어갈 수 있다. 이러한 정서의 특성을 들여다보도록 하자.

기쁨과 애정 : "기분이 좋아"

인간의 정서는 쾌와 불쾌의 정서가 분화되어간다. 처음에 이러한 쾌의 정서는 단순한 쾌감에서 나타나는 행복한 정서의 반응으로 나타날 수 있다. 생후에 외부세계와는 전혀 관계없이 자발적 미소를 짓는 것에서 시작해서 2~3개월 경에 사회적 대상에게 나타나는 기쁨의 표현으로 사회적 미소가 나타나게 된다. 4개월경이 되면 큰소리로 웃을 수 있고, 5~6개월 경에는 손

발을 바둥대면서 깔깔 소리를 내며 웃을 수 있다. 3세경에 언어가 발달하면서는 언어로 기쁨을 표현하는 것이 확연하게 증가하게 되기도 한다. 건강한 아이일수록 기쁨의 표현이 명확하고, 특히 운동기능의 성취가 있을 때 기쁨의 표현이 적극적으로 나타나기도 한다.

또한 하나님의 형상을 닮은 인간이 가진 본성 중에서 사랑할 수 있는 힘은 애정 본성이라고 할 수 있다. 하나님은 사랑이시며, 그러한 하나님의 형상을 닮은 자가 영유아라는 사실을 기억해야 한다. 사랑할 수 있는 애정의 본성은 하나님을 닮은 인간의 본성이기도 하다. 애정은 사람이 인간, 동식물, 사물 등에게 갖는 정서 반응으로서 정서발달의 기본이 되기도 한다.

사랑하지 아니하는 자는 하나님을 알지 못하나니 이는 하나님은 사랑이심이라(요한일서 4:8)

영유아기의 애정 발달은 출생 후 생리적 욕구의 만족을 기초로 하여서 발달하는 정서이다. 초기에는 수동적 애정이었다면 차츰 주는 애정으로 발달하게 된다. 일반적으로 6개월을 전후해서 낯가림을 시작하는데 2세경에는 애정의 대상에 자신이 포함되고, 소유물에 대한 애착도 나타나게 된다. 이러한 것이 3세 경을 전후로 해서 형제나 친구에 대한 애정으로 확장되어진다.

애착 : "아빠, 엄마, 나 좋아해?"

인간은 창조 때부터 하나님의 형상을 따라 사랑할 수 있는 힘을 가지고 태어났을 뿐 아니라 사랑받기를 원하는 존재이다. 이를 발달적 관점에서는

'애착'이라고 지칭한다. 애착은 한 개인이 다른 사람에게 몹시 끌리거나 아끼고 사랑해서 의존적 행동 양식을 나타내는데 영유아는 주양육자에게 이러한 애착을 갖게 된다. 이러한 애착은 사랑하고 사랑받는 욕구이자 안정된 정서발달의 기초가 되는 것이다. 결국 우리의 자녀들은 부모와 가족을 사랑하고 의존하게 될 뿐만 아니라 대상을 사랑하고 아끼는 가운데서 정서적 안정을 갖게 된다는 것이다.

새 계명을 너희에게 주노니 서로 사랑하라 내가 너희를 사랑한 것 같이 너희도 서로 사랑하라(요한복음 13:34)

이러한 애착과 관련된 영유아발달에 대한 연구나 접근들은 개인과 애착 대상 간에 존재하는 애정적 유대를 애착이라고 보는데, 특히 자녀가 애착 대상에게 접근하고 친밀감을 유지하려는 행동을 나타내는 발달적 특성에 주목하고 있다. 보울비(Bowlby, 1982)의 애착이론은 단계를 거치면서 애착이 발달되어져간다고 보고 있다. 인생의 발달경로에 초기 양육자와의 애착은 영유아기뿐 아니라 성장과정에서 지속적 영향을 끼친다는 주장들은 애착의 중요성을 그만큼 강조하고 있다.

Bowlby 애착단계와 영유아 행동 특성		
단계	개월	정서적 특징
애착전단계 (pre-attachment phase)	0~3 개월	• 인간에 대한 무분별한 반응 단계 • 타인을 구분하지 못하고, 아무나 보고 미소 지음 • 미소반응, 울음반응, 붙잡는 행동 반응으로 주양육자의 애착행동을 유발함

애착형성단계 (attachment in the making)	3-6 개월	• 낯익은 사람에게 눈 맞춤을 하는 단계 • 타인과 친숙한 사람의 얼굴 구분함 • 생후 3개월경 사회적 반응이 좀 더 선택적이며, 5개월경에는 손을 뻗쳐 사람의 머리카락 등 신체 일부분을 만지고 붙잡으며, 주로 낯익은 사람에게만 반응하게 됨
애착단계 (clear-cut attachment)	6-18 개월	• 능동적 접근 추구 단계 • 능동적으로 양육자에게 다가가고, 주양육자가 보이지 않으면 불안한 심리인 분리불안을 보이며, 능동적으로 접근을 추구하게 됨 • 생후6개월경 애착인물이 떠나면 울고 표현하게 됨 • 생후7개월경에는 능동적으로 기어서 따라가는 행동을 보이고, 생후6~8개월경을 전후로 해서 낯가림이 시작됨 • 다급하게 소리치기, 울거나 발 구르기, 기어서 따라가기 등이 나타남
상호관계의 형성단계 (formation of reciprocal relationship)	18-24 개월	• 동반자 행동을 하는 단계 • 애착이 형성된 양육자가 없어도 행동을 예측함 • 애착 인물의 계획이나 목표를 이해하며, 없는 동안도 애착 인물을 상상하고 동반자적 관계로 행동할 수 있게 됨에 따라 애착 대상자가 떠나도록 허락하게 됨

미움과 분노 : "싫어!"

애정을 어떤 대상을 지극히 좋아하는 정서라고 한다면 이와 반대로 어떤 특정 대상을 싫어하고 꺼리는 마음의 상태가 미움이다. 하나님이 인간을 창조하셨을 때는 서로 돕고 사랑하는 상태이었지만 인간의 타락은 결국 교만으로 시작하여 미움과 다툼, 갈등을 낳게 된다. 인간 심리라는 학문의 영역이 확장되면서 인간을 과학적으로 이해하고자 하는 접근이 급부상하였다. 이러한 인간의 정서를 이해하고자 하면 할수록 기독교세계관이 인간의 출생과 성장 속에서 존재함을 깨닫게 된다.

아이들은 차츰 자라면서 원하는 것이 이루어지지 않거나 요구가 거절당함을 느낄 때 저항의 표현으로 떼를 쓰고, 말을 듣지 않고, 고집을 부리는 행동을 하게 된다. 화를 내는 행동은 2~3세 경에 뚜렷하게 나타나게 되는데 이후에는 반항하는 모습으로 나타나게 되기도 한다. 이 때는 유아의 분노 표출을 줄이거나 조정하기 위해서 일관성 있는 태도로 대하는 것이 필요하다.

영유아기 정서적 표현 : 분노

- 사람이나 사물에 대해 사람을 공격적으로 만드는 정서의 형태임
- 목표 행동이 방해받거나 자신의 요구가 거부되었을 때 발생하게 됨
- 언어표현이 되는 3세경 이후에는 차츰 감소함
- 영아기 배가 고플 때, 아플 때, 만족이 되지 않을 때 등에 새파랗게 질리며 울거나 소리를 지르며 발을 구르는 등으로 표현함

공포와 불안 : "무서워!"

우리 아이가 특별히 무서워하거나 불안해하는 요인이 있는가? 영유아기는 공포와 불안의 정서가 분화되면서 발달해 나간다. 특히 영아기에는 큰 소리나 강렬한 시각적 특성에 공포를 느끼는 경우가 많다. 기질에 따라 다를 수는 있으나 이러한 공포나 불안의 정서를 특히 민감하게 느끼는 경우가 있기 때문에 세심히 살펴볼 필요가 있다.

공포는 생리적 반응을 동반하게 되는데 위협적인 사람, 사물이나 상황 등을 회피하려는 경향이 있는 방어적 정서이다. 보통 공포의 대상은 개인이나 연령에 따라 다를 수 있는데, 공포의 대상은 차츰 확대되어진다.

질투 : "왜 아가를 더 좋아해?"

질투는 공포나 분노와 달리 인관관계의 발달 가운데에서 생겨나는 이차 정서 반응이다. 복잡한 인지능력을 필요로 하는 이차적인 정서이며 공격반응이나 퇴행적 행동으로 그 정서적 표현이 나타나기도 한다.

3.
서로 사랑하며 살아가요

영유아기 정서는 지속적으로 분화되고 통합되는 과정을 거친다. 차츰 자라면서 분화되어지는 다양한 정서를 어떻게 처리해야 하는가에 대한 발달 과업을 가지게 되기도 한다. 기독교가정에서 자녀의 정서가 안정적으로 발달하도록 돕기 위해서는 하나님의 은혜 안에서 마음을 나누고, 조절해 나가는 순간들이 필요하다.

안정 : "그 출발은 가정"

영유아기는 그들을 에워싸고 있는 가정의 울타리 안에서 안정을 느낀다. 기쁨과 애정을 표현하고, 나눌 수 있는 대상이 필요하다. 그 대상이 가정 구성원이며, 부모라는 보호자이다. 자녀의 정서적 안정의 출발은 가정이다. 긍정적 정서를 나눌 수 있을 뿐 아니라 부정적 정서를 적절하게 처리하는 과정을 경험하게 되기 때문이다.

자녀가 출생 후 영아기 시기에는 관계하는 대상과 밀접하게 연결되어 정서가 발달하게 된다. 특히 주양육자인 주로 어머니와의 관계에서 하나님의 이미지나 느낌을 형성한다는 대상관계이론(Rizzuto, 1979)은 신앙교육에서 초기 어머니와의 관계를 매우 강조한다. 유아기 정서발달은 그 가운데 다양한 형태로 형성되어져가는 것이다. 즉 유아기 정서 발달의 가장 중요한 터전이자 출발은 가정인 것이다. 부모가 하나님 앞에서 자녀를 제대로 이해하고, 그 정서적 현상을 있는 그대로 받아들이고, 적절하게 반응한다면 우리 아이는 안정적으로 자라날 수 있을 것이다.

- 자녀의 행동을 통제하기 위해 벌이나 부정적 방법을 쓰고 있지 않는가 스스로 양육태도를 검토해 보세요.
- 자녀가 스스로 자신의 행동 결과를 자연스럽고 논리적으로 경험하도록 돕는 양육태도를 갖고 있는지 생각해 보세요.
- 효과적 부모-자녀의 상호작용이 이루어질 수 있기 위해서는 자녀를 이해하고, 부모의 역할에 대한 스스로의 되돌아봄이 필요합니다.
- 자녀와 효율적으로 소통할 수 있는 구체적 언어와 태도를 생각하고 실천해보세요.

※교육부(2023)의 「유아놀이중심 양육지원자료」 중에서

조절 : "화를 조절하며"

자녀의 부정적 정서를 쏟아낼 때 부모는 흔들리기 쉽다. 부모도 영유아기 자녀와 마찬가지로 죄의 본성을 가지고 있기 때문이다. 화내고, 분노하고, 질투하고, 미워하며 부정적 정서를 쏟아내는 아이 앞에서 부모는 '화'가 촉발되어서 흔들려 버리기 일쑤다.

부모의 화내기는 자녀의 공격성이나 반항적 태도 등에 영향을 주게 될 뿐 아니라 자녀의 공감과 감정이입에 부정적 영향을 주게 된다. 부모는 육아의 상황에서 자녀의 잘못된 행동이나 부정적 정서 사이에서 화가 촉발될 수 있다. 즉 아이를 이해하는 과정에서 화를 촉발하는 요소를 점검하고, 영유아기 자녀의 정서를 돌보기 위해 먼저 자신의 정서적 조절을 돌아볼 필요가 있다. 그리고 나를 화나게 하는 상황을 점검하여, 자녀를 긍정적으로 바라보는 시각을 가져야 한다.

- **속단:** 아이가 나를 화나게 하려고 행동한다고 생각지는 않나요?
  "나를 짜증나게 하려고 하는구나, 일부러 괴롭히려고 그러네"
- **과장:** 원래 사건보다 결과를 과대 해석하고 있지는 않나요?
  "너는 모든 것을 엉망진창으로 망쳐버렸어. 이제 희망이 없어"
- **편견:** 아이에 대해 부정적 인식과 판단을 하고 있지는 않나요?
  "네가 그러면 그렇지. 늘 그래"

※Mckay, Fanning, Paleg & Landis(2006/2013) 중 방아쇠 사고 중에

성장 : "서로의 마음을 돌보아요"

영유아가 정서적으로 안정적 발달을 이루어가기 위해서는 애정에 기초한 신뢰감과 안정된 애착이 중요하다. 그러나 아이의 행동을 보면서, 부모는 앞서 살펴본 속단, 과장, 편견 등의 이해로 화를 내고 있을 수도 있다. 즉 부모도 자녀를 잘못 이해하고, 불완전한 사랑을 나타낼 수 있다는 것이다. 어쩌면 이러한 현상 때문에 죄책감을 느끼고, 스스로 자신을 방어하기 위한 수단으로 화가 촉발될 수도 있다.

자녀들은 사랑받고자 하는 욕구가 있다. 부모에게 사랑받고, 즐거운 대

상이 되려고 하는 욕구가 존재한다. 그러나 이러한 욕구 충족이 충분히 이루어지지 않을 때 미움, 분노, 질투 등의 부정적 정서가 출현한다. 인간은 과연 다른 이에게 완전한 사랑을 주고, 완전한 사랑을 받을 수 있는가? 본질적으로 그 어떤 인간도 누군가에게 완전한 사랑을 주기 힘들다. 이러한 딜레마가 부모 스스로를 상처내게 된다. 부모로서 자신의 역할에 대한 상실감과 한계를 느낄 때, 부모됨의 어려움을 호소하게 된다.

궁극적으로 이 문제에 대한 해결은 하나님이 우리에게 보여주신 사랑에 의지하여 육아의 주체가 내가 아니라 주의 은혜가 있어야 함을 인정하는 순간에 시작된다. 자신이 죄인임을 인정하고, 예수 그리스도의 사랑에 기대어 부모로서 자녀 앞에 겸허하게 서고자 하는 순간에 서로의 마음을 들여다볼 수 있다.

- 자녀를 있는 그대로 보고, 지지적 정서 분위기를 만들어 보아요
"너는 하나님이 특별하게 지으셨어. 너는 사랑받을 만한 아이야."
- 아이를 구체적으로 바라보고, 공감해주어요.
"공을 두 번이나 칠 수 있었네. 그런데 세 번째 놓쳐버려서 속상했구나."
- 부모로서의 자신의 실수와 불완전함을 인정해요.
"미안해. 아빠가 큰 소리를 내서 놀랐겠구나."
- 하나님의 사랑을 함께 나누어요.
"(눈을 맞추면서) 우리집은 하나님이 사랑하시는 가정이야. 하나님이 오늘 우리 기도를 들어주셨어."

열

내일을 향해 함께 꿈꾸어가다

1.
부모라는 자리에 감사해요

부모가 된다는 것은 감사한 일이다. 부모는 자녀와 함께 내일을 향해 꿈을 꾼다. 매일 매일 자라는 자녀 앞에서 자신의 육아의 걸음이 헛되지 않음을 알게 된다. 한 사람이 평생을 살아가면서 누구보다 자신을 사랑하고 의지하는 한 생명을 돌본다는 것은 하나님이 주신 선물임에 분명하다. 이 자리에서 우리는 감사를 담게 된다.

외로움을 넘어서 : "혼자가 아니야!"

부모가 된다는 것은 때로는 두렵고, 때로는 외로운 걸음이다. 그래서 아이를 낳는 것이 무서울 수도 있다. 젊은 청년들과 얘기를 나누다보면 결혼을 꺼릴 뿐 아니라 출산에 대한 막연한 두려움이 있다. 그 이유를 들여다보면 기성세대가 가져왔던 무조건적 헌신에 대한 당위성 상실과 자아 성취라는 사회적 과제에 대한 부담이 내면에 자리잡고 있음을 발견하게 된다.

이 시대를 살아가는 부모들에게는 "당신은 혼자가 아닙니다"라는 따뜻한 손길이 필요하다. 어쩌면 육아의 정답을 찾는 것이 아니라 육아에 대한 공감을 원하고 있는 것일지 모른다. 이제 부모됨의 길에 힘을 북돋우어 주는 손길이 필요하다. 육아를 혼자서 짊어지고 가는 듯한 느낌에서 '함께'라는 인식이 이루어지도록 해야 한다. 같은 부모들끼리 다음 세대를 세워가는 길에서 손을 맞잡을 이가 있다는 것은 부모됨의 큰 힘이 될 것이다.

> "(교회 영아부 부모 상담을 하면서) 처음에 출산하고 아이를 낳으면서 산후우울증 같은 것이 생기더라구요. 이 때 교회 영유아부 부모끼리 모임을 하게 되었는데 너무 큰 힘이 되었어요. 육아 정보도 함께 나누고, 자라는 과정마다 고민도 나눌 수 있었거든요. 부모가 되고 같은 또래의 아이를 키우는 부모끼리 모임을 가지면서 새로운 삶의 활력을 찾게 되었어요. "

불안함을 넘어서 : "지금 잘하고 있어"

우리 모두에겐 지금 위로가 필요하다. 완벽한 부모는 없다. 많은 매스컴과 세상의 교육은 마치 완벽한 부모의 역할과 변화가 있을 것이라는 메시지를 준다. 그러나 만약 그런 완벽한 부모와 부모교육이 있다면 현재의 저출산 위기가 우리 앞에 주어졌을까? 부모와 관련된 이론과 교육 프로그램이 넘쳐나지만 갈수록 부모됨을 더욱 꺼리고 힘들어한다. 부모에게 필요한 것은 완벽한 솔루션이 아니라 따뜻한 위로의 말이다. 이러한 위로와 확고한 방향성이 주어질 때 내적 불안감을 넘어설 수 있을 것이다.

"(부모 상담을 하다가 위로의 말을 들으면서) 위로가 필요했나봐요. 요즘은 똑똑한 엄마도 많고, 아이에게 많은 것들을 해주는 부모도 많은데 저는 계속 좋은 부모가 아닌 것 같아서 둘째를 낳기 꺼려졌어요. 그런데 '잘 하고 있다. 당신이 최고다'라는 이야기를 들으니 나도 모르게 눈물이 나네요."

바쁨을 넘어서 : "자녀는 우리에게 주신 선물이지"

요즘의 현대인들은 바쁨에서 오는 삶의 딜레마가 있다. '빨리, 빨리'라는 생활 양식이 결국 자신에게 주어진 소중한 것을 잃어버리게 한다. 자녀를 낳고 키우는 일조차 너무 바빠서 미루거나 아예 포기하는 사회이다. 이제 그 바쁨을 넘어서 자녀가 가지는 의미를 다시 세워나가야 한다. 자녀는 우리에게 하나님이 주신 선물이다. 이 선물을 받을 준비를 하고, 그 선물에 감사하고, 그 선물이 의미를 다할 수 있도록 돌보아야 한다. 이것이 부모라는 이름에 대한 감사로 이어질 수 있다.

"(늦은 임신을 계획하는 부부 상담 가운데) 아이를 낳을 자신이 없었어요. 그래서 우리 부부는 자녀를 갖지 않기로 했지요. 오히려 번 돈으로 여행도 가고, 조카를 위해 쓰기로 했지요. 그런데 나이가 들어가면서 남편이 후회를 하기 시작하는거에요. 우리가 인생에서 어떤 꿈을 꾸고, 이루었는지 모르겠어요. 우리에게 아무 것도 없는 것 같은 공허함을 느껴서 너무 힘들어요. 그런데 너무 늦어버린 것 같아서…"

2.
자녀와 발걸음을 맞추어요

이제 부모됨의 가치를 알고, 우리 가정에 주어진 자녀와 발걸음을 맞추어야한다. 한 가정에 보내어진 아이는 많은 아이들 중의 하나가 아니고 특별한 한 아이이기 때문이다. 그러므로 믿음 안에서 하나님의 자녀로 구원에 이르는 궁극적 목적성을 가지고 우리의 자녀를 돌보아야 한다. 그리고 이 자녀가 바른 인성과 가장 적합한 적성을 찾아가도록 함께 보폭을 맞추어 걸어가야 한다.

폭발하는 질문 안에서 : "하나님은 어디에 있어?"

아이가 갑자기 "하나님은 어디에 있어?"라고 묻는다면 당신은 어떻게 대답할 것인가? 가정에서 부모는 자녀를 키우는 육아의 길에서 '어떻게'라는 질문에 자주 직면하게 된다. 특히 믿음을 세우는 문제 앞에서는 더욱 난감해진다. 설명을 하자니 발달에 맞지 않는 것 같고, 간단히 얘기하자니 잘못

말하는 것은 아닐까 두려워진다.

하나님은 지금 여기 우리 집에, 아이 옆에 계신다는 것을 얘기해주려고 노력하게 된다. 그러나 아이는 그 얘기를 이해하기 힘들어 할 수 있다. 때로는 "어디 있어? 안 보이는데, 아주 작아?"라고 야무지게 물어보기도 한다. 아이는 어른과 다른 방식으로 알고, 느끼고, 배우지만 신앙의 세움에는 예외 없이 질문하고 답변하는 과정들이 있다. 이제 각 가정에서 하나님과 예수님을 얘기하자. 그 가운데 아이가 제대로 하나님을 알고, 믿고, 따르도록 돕는 시간이 필요하다. 일상적 삶 가운데 하나님의 일하심을 아이와 이야기 나누는 시간이 반드시 필요한 이유는 그 과정 속에서 아이들은 커갈 것이기 때문이다. 폭발적으로 팽창하는 언어와 사고, 그 속에서 끝없이 이어지는 질문은 아이가 스스로 자신의 방식으로 세상을 마주하는 순간이다. 그 질문에 인내를 가지고, 영유아의 발달 특성에 맞게 마주해주어야 할 것이다.

> 어떤 아이가 아빠에게 "하나님은 어디에 있어?"라고 물었다. 당황한 아빠는 어찌할 바를 몰라 "하나님은 착한 사람 눈에만 보여"라고 했다. 그러자 아이는 한참을 고민하다가 "응… 보이는거 같아."라고 얘기했다. 얼마나 어찌해야 할지를 모르면 이런 동화 같은 답변을 했을까 싶지만은 결국 아이에겐 거짓말을 한 셈이다. 차라리 하나님은 모든 것을 할 수 있는 요술쟁이라고 얘기했더라면 아이가 더 잘 이해되지 않았을까? 어디에나 계시고, 모든 것을 아시고, 언제나 함께 하시는 분으로 하나님 아버지를 알아가고, 믿고, 따르게 될 수 있다.

기질을 살피며 : "너는 어느 별에서 왔니?"

다음 세대는 교회의 희망이자 가정의 내일이다. 자녀는 한 가정의 또 다른 내일로 이어지게 된다. 따라서 영유아는 부모의 소유가 아니라 하나의 객체로서 존중되어야 한다. 결국 자녀는 그 자체가 가지는 가장 특별한 방식으로 삶을 살아내고, 하나님 나라를 꿈꾸게 되며, 이웃과 사회 속에서 역할을 해나가게 된다.

그런데 아이는 각자 다른 기질을 가지고 있다. 기질이라는 것은 개인적으로 외부 사람이나 어떤 상황에 대하여 반응하는 경향을 의미하는데 개인의 특별한 행동 양식이나 반응 유형이라고 볼 수 있다. 대표적인 기질 유형으로는 토마스와 체스(Thomas & Chess, 1977)가 제시한 순한 기질, 까다로운 기질, 느린 기질이 있다. 이러한 기질 유형에 따라서 부모가 느끼는 육아의 무게도 다를 뿐 아니라 지원 방안도 다를 수 있다. 우리 아이를 힘겨워할 것이 아니라 있는 그대로 그 기질을 이해해주고, 이에 맞는 부모의 역할을 찾을 필요가 있다.

기질유형	기질 특징	양육 tip
순한 기질	• 새로운 환경에 쉽게 적응한다. • 식사, 수면, 배변이 규칙적이다. • 낯선 사람에게 쉽게 미소짓는다. • 실패나 좌절 상황에도 금방 순응한다.	순한 기질의 아이는 자극이나 변화에 강한 반응을 보이지 않아요. 그러나 세심한 관심과 관찰을 통해 아이의 요구에 민감하게 반응하고 수용해 주려는 태도가 필요해요.
까다로운 기질	• 수면, 식사, 배변 등이 불규칙적이다. • 잘 울고 부정적 반응을 자주 보인다. • 활동성이 높아서 걷기보다 뛴다. • 새로운 사람이나 환경에 적응하는 데 시간이 오래 걸린다.	까다로운 기질의 아이는 자신의 요구를 강하게 표현해 원하는 바를 얻기도 하지만 때론 거부로 인해 좌절을 경험하기도 해요. 부모의 따뜻한 감정 수용과 일관된 반응이 필요해요.
느린 기질	• 활동성이 낮다. • 새로운 환경에 적응 속도가 느리지만 시간이 지나면서 적응한다. • 새로운 환경에 부정적이기는 하나 강하지 않고 소극적 방식으로 표현한다.	느린 기질의 아이는 새로운 자극을 싫어하는 것이 아니라 적응하는 데에 시간이 오래 걸립니다. 미리 안내해 주고, 기다려 주어서 새로운 자극이나 상황에 준비하도록 해 주어야 해요.

함께 살며 : "두껍아, 두껍아 새집 다오"

아이가 흙으로 집을 지으며 노래를 한다. "두껍아, 두껍아, 헌집 줄게 새 집 다오."라며 단단한 집을 짓기 위해 흙을 도닥인다. 우리집 육아는 어떤 모양새로 도닥여가야 할까? 우리 아이를 위해 어떤 우리집을 만들어가야 할까? 멋지고 큰 집도 아니요, 화려하고 비싼 집도 아니다. 아빠와 엄마의 내음이 있고, 하나님의 창조 섭리 그대로 살아가도록 돕는 그런 공간과 삶을 그려야 하지 않겠는가. 영유아기만큼은 산과 들에서 하나님의 창조세계를 온 몸으로 느낄 필요가 있다. 언어의 세계, 수의 세계, 물리와 생명의 세계 등을 이론으로 배워야 하는 학령기에 들어가기 전에 이러한 세계를 몸으로 경험한 아이는 훨씬 그 세계와 가까워져 있게 된다.

후각은 영유아가 표상 발달이나 정서적 반응에 중요한 매개가 되는 감각이다. 이러한 측면에서 부모의 내음을 맡는다는 것은 정서적 안정과 부모에 대한 표상을 감각적으로 떠올릴 수 있다는 면에서 중요하다. 또한 아이가 뛰어놀 수 있는 실내외 환경을 열어주고, 건강한 먹을거리를 열어가는 가정의 환경 또한 중요하다. 자녀가 믿음생활을 하며, 함께 키우는 공동체가 형성될 수 있는 우리집을 짓는 것이 기독교가정의 과업이다.

> • 우리 아이는 부모의 내음을 맡으면서 살고 있는가?
> • 우리 아이는 활발한 움직임을 보장받고 있는가?
> • 우리 아이를 함께 키우는 공동체가 있는가?
> • 우리 아이의 영성을 돌보는 믿음 생활이 있는가?
> • 우리 아이는 건강한 식생활을 하고 있는가?
> • 우리 아이는 충분히 즐겁게 놀고 있는가?

3.
함께 꿈꾸어가요

어느 가정이든, 어느 교회이든 "어떻게 영유아기 자녀를 육아하고 함께 내일을 향해 걸어갈 수 있는가?"는 중요한 고민이자 과제이다. 이제 내일을 향해 함께 꿈꾸어가는 가정과 교회를 위해 그 고민거리를 풀어보고자 한다.

인성과 적성을 돌보며 : "너는 꿈이 뭐야?"

인성이라고 하면 인간으로서 자신만이 가지는 독특한 심리와 행동의 양식이라 할 수 있다. 즉 내적으로 동기화 되어서 스스로 통제하거나 조절하여 외적 관계를 유지할 수 있는 습관이 인성이다. 기독교가정의 자녀 교육에서 가장 우선시 되는 부분이 이 인성이다. 하나님을 사랑하고, 이웃을 사랑하는 한 인간으로서의 행동의 양식을 돌보아 주어야 한다는 것이다.

또한 이러한 인성의 돌봄과 더불어 적성을 발견하여 하나님 앞에서 가장 적절한 삶의 비전을 세울 수 있도록 돕는 것도 중요하다. '만약 내가 경찰이 된다면, 내가 목사님이 된다면, 내가 선생님이 된다면'과 같은 꿈을 꾸고, 그 꿈이 하나님 나라에 어떤 의미를 가지는가를 생각해보는 시간을 가질 수 있다. 그런데 이 때 부모가 자신이 이루지 못한 꿈을 자녀에게 투사하고 있지 않는가 점검해야 한다. 꿈을 꾼다는 것은 자녀가 가지는 소질이나 성격에 맞게 살아갈 수 있는 적성을 발견하고, 그것을 통해 비전을 세우고, 하나님께 영광을 돌리는 삶을 살아가려고 하는 희망을 세우는 것이다. 자녀가 자신의 내면을 바로 세우고, 그 내적 힘으로 인해 외적 대상이나 사물과의 바람직한 관계를 세우는 인성을 갖추도록 지원하고, 자신에게 가장 적절한 적성을 찾을 수 있도록 돕는 부모의 지지야말로 자녀와 부모 관계에서 중요한 과업이라고 볼 수 있다.

- 아이와 함께 여러 가지 직업이나 일에 대해 얘기해보아요.
- 미래에 무엇이 되고 싶은지, 왜 되고 싶은지에 대하여 이야기를 나누어요.
- 그림이나 다양한 표상으로 자신이 되고 싶은 직업을 표현해 보아요.
- 되고 싶은 직업이나 하고 싶은 일에 대해 부모와 함께 역할놀이를 해보아요.
- 다양한 직업을 경험할 수 있도록 직업 체험의 기회를 가져보아요. 부모의 직장에 가서 일하는 모습을 볼 수 있는 기회도 좋은 경험이 될 수 있어요.
- 아이가 가지는 꿈에 대해 부모와 얘기하는 기회를 자주 가지세요.
- 아이의 꿈이 바뀔 때, 부모는 꿈은 언제든 바뀌어져 갈 수 있음을 지지해줄 뿐 아니라 적성에 맞는지 토론할 수 있는 의논의 대상이 되어주세요.

너와 나 : "너와 나는 형제자매야"

교회공동체는 예수님의 '십자가 대속'으로 맺어진 진정한 가족이다. 우

리는 예수님이 흘리신 십자가의 피로 말미암아 구원에 이르는 진정한 식구인 것이다. 그래서 우리는 서로를 형제요 자매라고 부른다. 하나님의 온전한 사랑과 은혜로 말미암아 양자된 자로서 우리는 한 가족이다. 이러한 사실 하나만으로도 현 시대의 인간소실은 결코 용납될 수도 없고, 간과되어서도 안 될 것이다.

하나님이 얼마나 아끼시는 '나와 너'인데 말이다. 하나님의 형상을 따라 지으셨고, 서로 돕고 사랑하도록 지어졌으며, 아들을 내어주실만큼 끝까지 사랑하셨다는 것은 놀라운 은혜이다. 따라서 우리는 나와 너에 대한 관계를 다시 생각해 보아야 한다. 결국 우리는 하나님 나라 안에서 한 가족이라는 교회공동체의 본질을 잊지 말아야 한다. 개인주의나 상실과 소실의 시대를 살아가는 우리에게 다시금 옛날 같은 성씨가 모여서 살았던 집성촌 마을의 정겨웠던 온정과 유대가 그립다면, 가장 본질적 유대를 포함하고 있는 진정한 공동체인 교회공동체를 바라볼 수 있어야 한다. 상실과 소실의 시대에 진정한 공동체적 유대를 가진 교회교육공동체는 희망을 던지는 시대적 외침이 될 수 있을 것이다.

우리 : "함께 키우자"

자녀를 키우는 가정의 가장 큰 고민거리는 '어떻게 키우지?'이다. 어떻게 키우고, 공부시키고, 대학 보내고, 결혼시키는가를 나눌 대상이 없다는 것이다. 우리가 살아가는 '지금'이라는 동네는 참 외로운 시간과 공간이다. 인간소외를 넘어 인간소실을 경험하는 시대인 것처럼 보인다. 한국사회가 가졌던 씨족사회로서의 "우리가 남이가?"라는 공동체 의식도 희미해져가고 있다. 이러한 시대적 흐름은 단지 사회의 구조나 성격의 변화라 어찌할 수 없다고 인정하더라도 그에 따른 현상적 소용돌이는 간과할 수 없다. 그냥 그대로를 받아들이기에는 너무나 넓은 영역의 삶에 깊숙하게 영향을 미치고 있다. 교회도 예외가 아니다. 극도의 개인주의는 교회공동체의 본질을 흔들기도 하고, 다원주의는 무엇이 진리인가를 모호하게 하기도 한다. 또한 '함께'라는 말보다 '권리'라는 용어가 더 중심에 서 있는 모양새다. 교회공동체 안에서 가정을 어떻게 보고, 어떤 돌봄이 있어야 하는가는 시급한 과제로 보인다.

교회교육공동체 : "하나님 앞에서 자라라"

나, 너, 우리가 모인 교회교육공동체는 기독교가정의 육아 문제를 함께 풀어가는 동역자이다. 아이가 전 생애적으로 시기별 발달을 하는 시점마다 교회교육은 부모와 고민을 나누고, 그 가정의 신앙교육 뿐 아니라 인성과 적성을 돌볼 수 있도록 지원할 수 있다.

공동체는 본질적으로 같은 관념이나 비전을 가지고 공동의 삶의 양식을 가진다는 특성을 갖는다. 따라서 함께 돌보는 삶이 따라와야 한다. 교회의 교육공동체는 이러한 측면에서 영유아기 아이들이 인지적, 정서적, 사회적, 신체적, 언어적으로 적절하게 발달해 나갈 수 있도록 돕고, 그 시기별 부모의 역할을 지지할 수 있는 구심점이 되어야 한다.

> • 튼튼놀이를 해요
> "아빠나 엄마와 뒹굴기도 하고 숲이나 야외에 가서 다양한 몸짓으로 놀이를 해 보아요"
> • 소리놀이를 해요
> "노래나 악기 소리 등을 탐색하는 시간을 가지고, 음악과 소리를 통해 하나님을 찬양하는 시간을 가져요"
> • 이야기놀이를 해요
> "동화나 동시, 담화나 극놀이 등을 포함하여 듣기, 말하기, 읽기, 쓰기의 놀이를 함께 해요. 하나님과의 대화, 부모와 아이의 말 주고 받기, 또래 간의 이야기를 지원해보아요"

지금까지 가정과 부모, 기독교가정에 대하여 생각해 보고 그 세움의 과
정을 들여다 보았다. 반쪽을 찾아 부모라는 이름을 갖는 태교와 출산, 육아
라는 현실을 만나게 된다. 이 과정에서 자녀의 지혜로운 성장, 관계성을 바
라보고, 자녀의 마음을 돌보아 내일을 향해 함께 꿈꾸어가게 된다. 이 과정
마다 우리의 고민과 혼돈을 함께 나누고 생각하는 장을 열어보고자 했다.

한 개인이 태어나서 교회 안에서 동역의 삶을 살고 하나님 나라의 백성으
로 나아가는 걸음에 가장 기본이 되는 단위가 가정이다. 기독교가정이 바람
직한 모습으로 세워지는 것은 교회로 이어지고, 이는 사회에 선한 영향력으
로 뻗어나가게 된다. 따라서 영유아기의 육아에서 출발해서 청소년기로 이
어지는 단계별로 부모의 역할을 돕는 협력적 도움이 필요하다.

이 시대는 혼돈과 불안이 개인의 삶의 내부로 잠식해서 인간소외와 상실
을 경험하게 한다. 풍요와 부요의 시대에 내적 빈곤을 경험하는 많은 가정
과 개인의 아픔이 존재한다. 과거에 비해 더 나은 삶을 살고 있음에도 불구
하고 불만족과 상대적 박탈을 경험하는 시대에 기독교가정을 바로 세운다
는 것은 불안한 사회의 바람직한 공동체를 보여주며, 희망을 전할 수 있는
길이 되리라 기대한다. 부모로서 내가 혼자가 아님을 자각하고, 너의 손을
잡아 우리가 되는 교회교육공동체 안에서 가정과 가정이 내일을 향해 꿈을
함께 꾸어볼 수 있기를 바란다.

- 권미량(2015). 아가! 가족이어서 행복해. 경기: 공동체.
- 교육부(2023). 행복한 아이, 함께 성장하는 부모. 세종: 교육부.
- 김성원(2015). 한국 유아기 놀이의 세대별 변화에 대한 연구. 고신대학교 대학원 박사학위논문.
- 유안진(1992). **한국전통사회의 유아교육**. 서울: 서울대학교출판부.
- 한국기독교부모교육연구회(2005). **성경적 자녀양육**. 서울: 양서원.
- Ainsworth, M. D. S.(1989). Attachnet beyound intarcy. *American Psychologist, 44*, 709-716.
- Barrett J. L., Richert, R. A., & Driesenga, A. (2001). God's beliefs versus mother's: The development of nonhuman agent concepts. *Child Deveopment, 72*(1), 50-65.
- Barrett J. L., Richert, R. A.(2003). Do you see what I see? You children's assumptions about God's perceptual abilities. *The International Journal for The Psychology of Religion, 15*(4), 283-295.
- Berryman, J. W. (1991). *Godly Play- An Imaginative Approach to Religious Education*. HarperSan Francisco: Augsburg.

- Bowlby, J.(1982). *Attachment and loss. volume* Ⅰ *: Attachment.* New York: Basic Books.
- Buber, M.(1977). 현대철학의 근본조류*[Landgerbe philosophic de gegenwart].* (최동희 역). 서울: 법문사. (원문은 1961에 출판).
- Cast, B.(2012). 선택의 조건*[Ich weiss nicht, was ich wollen soll].* (정인회 역). 서울: 한국경제신문. (원저는 2012년 출판)
- Comenius, J. A.(1910). 대교수학*[The great didactic.]*(정확실 역). 서울: 교육과학사.
- Erikson, E. H.(1963). *Childhood and society.* New York: Norton & Company.
- Evan, E. M. (2001). Cognitive and contextual factors in the emergence of diverse belief systems: Creation versus evolution. *Cognitive Psychology, 42,* 217-266.
- Freud, S.(1985). 프로이트 심리학 해설*[Die Traumdeutung].* (설영환 역). 서울: 선영사. (원서는 1900)
- Firestone, S. (1970). *The kialeciec of sex: The case for feminist revolution.* New York: Morrow.
- Galinsky, E.(1987). *The six stages of parenthood.* New York: Hachette Books.
- Goldman, R. (1964). *Religious Thinking from Childhood to Adolescence.* London: Routledge and Kegan Paul.
- Guisinger, S. & Blatt, S. J.(1994). Individuality and relatedness: Evolution of a fundamental dialectic. *American Psuchologist, 49,* 104-111.
- Lane, H. (2011). 아이들은 어떻게 성장하는가*[Talks to Parents and Teachers].* (김영란 역). 서울: 민들레. (원전은 1928에 출판)
- Lewin, K.(1938). *The conceptual representation and the measurement of psychological forces.* Durham, NC: Duke University Press.
- Mckay, M., Fanning, P., Paleg, K., & Landis, D.(2013). 화내는 부모가 아이를 망친다.(구승준 역). 서울: 한문화. (원전은 2006에 출판)

- Petrovich, O. (1997). Understanding of non-natural causality in children and adults: A case against artificialism. *Psyche en Geloof, 8,* 151-165.

- Petrovich, O. (1999). Preschool children's understanding of the dichotomy between the natural and the artificial. *Psychological Reports, 84,* 3-27.

- Piaget, J. (1929). *The Child's Conception of the World.* London: Routledge & Kegan Paul.

- Rizzuto, A. M. (1979). *The Birth of the Living God - A Psychoanalytic Study.* Chicago: The University of Chicago.

- Thomas, G.(2014). 연애학교[*The Sacred Search*]. (윤종석 역). 서울: 도서출판CUP.

- Tomas, A., & Chess, S. (1977). *Temperament and development.* NY: Brunner/Mazel.

- White, L. Jr.(1967). The historical roots of our ecological crisis. *Science, 155,* 1203-1207.

기독교가정과 육아

초판 인쇄 2024년 10월 08일
초판 발행 2024년 10월 14일

발 행 인 이기룡
지 은 이 권미량
발 행 처 생명의 양식

등록번호 서울 제22-1443호(1998년 11월 3일)
주   소 서울시 서초구 고무래로 10-5(반포동)
전   화 02-533-2182
팩   스 02-533-2185
홈페이지 www.edpck.org